UM PROGRAMA   REALIZAÇÃO   PRODUÇÃO

APOIO CULTURAL   PATROCÍNIO

ENTREVISTAS A CHARLES GAVIN

A PELEJA DO DIABO COM O DONO DO CÉU 1979

ZÉ RAMALHO

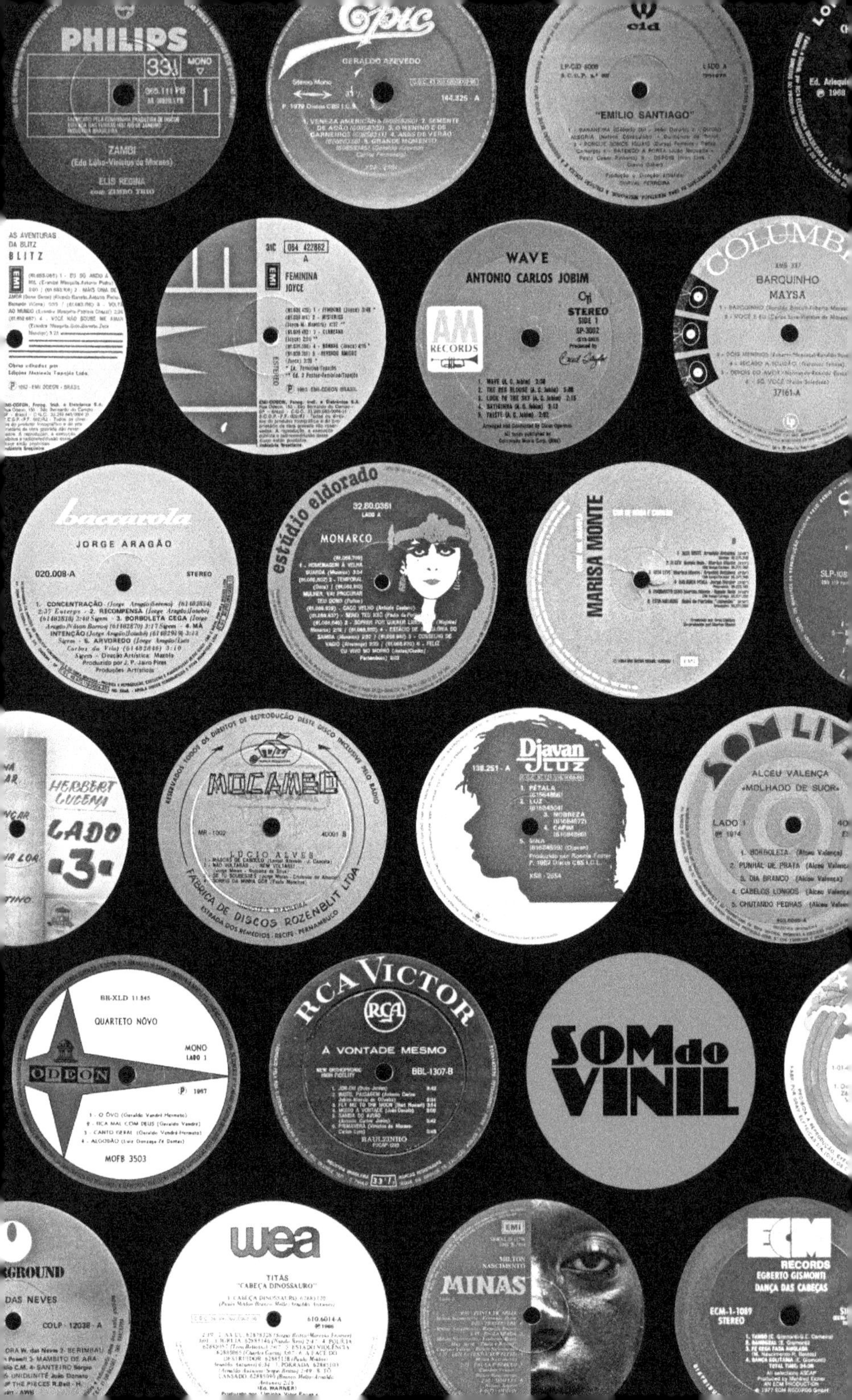

A IDEIA JÁ EXISTIA, MAS SÓ COMEÇOU A GANHAR FORMA a partir de um encontro com Geneton Moraes Neto numa esquina do Baixo Leblon, sábado de manhã. A certa altura do bate-papo eu disse ao jornalista (e amigo) que há muito tempo vinha pensando em montar um banco de dados na internet, onde seria possível compartilhar o conteúdo das entrevistas de O Som do Vinil, algo que muita gente sempre me cobrou.

Desde que começou a ser produzido, em 2007, o acervo foi ganhando valor inestimável, fruto da generosa colaboração dos convidados que revelam histórias sobre suas canções, seus discos e suas carreiras, recompondo nossa história capítulo a capítulo.

Indo mais longe, afirmei: "nesses tempos em que o espaço na mídia televisiva está se tornando cada vez mais escasso para as vertentes da música brasileira, iniciativas como essa acabam se transformando em estratégicos abrigos de proteção à nossa diversidade cultural, expressa através das artes. N'O Som do Vinil, quem conta a história da música brasileira é quem a fez — e a faz".

Geneton ouviu tudo com atenção, concordou e aconselhou: "você tem que colocar isso em livro também. Pense que, daqui a décadas ou séculos, os livros ainda estarão presentes. Eles sobreviverão, seja qual for a mídia utilizada. Tenha certeza: colocou em livro, está eternizado, é pra sempre".

Cá estamos. A ideia se materializou e o projeto que disponibiliza sem cortes, na íntegra, algumas das centenas de entrevistas que fiz neste anos de O Som do Vinil está em suas mãos. Agradeço ao mestre e também a todos que, de alguma forma, ajudaram.

Aproveite. Compartilhe.

Charles Gavin

Um programa do Canal Brasil

Concepção
André Saddy, Charles Gavin, Darcy Burger e Paulo Mendonça

[Temporadas 2007, 2008, 2009 e 2010]
Apresentação, direção e pesquisa Charles Gavin
Direção Darcy Burger
Assistentes de direção Juliana Schmitz, Helena Machado, Barbara Lito, Rebecca Ramos
Editores Mariana Katona, Raphael Fontenelle, Tauana Carlier e Pablo Nery
Pesquisa e pauta Tarik de Souza
Coordenação de produção Crica Bressan e Guilherme Lajes
Produção executiva André Braga
Produção Bravo Produções

[Temporadas 2011, 2012 e 2013]
Apresentação, direção e pesquisa Charles Gavin
Direção Gabriela Gastal
Assistentes de direção Maitê Gurzoni, Liza Scavone, Henrique Landulfo
Editores Tauana Carlier, Thiago Arruda, Raphael Fontenelle, Rita Carvana
Pesquisa e pauta Tarik de Souza
Coordenação de produção Henrique Landulfo
Produção executiva Gabriela Figueiredo
Produção Samba Filmes

Equipe CANAL BRASIL
Direção geral Paulo Mendonça
Gerente de marketing e projetos André Saddy
Gerente de produção Carlos Wanderley
Gerente de programação e aquisição Alexandre Cunha
Gerente financeiro Luiz Bertolo

No sulco do vinil

QUE O BRASIL NÃO TEM MEMÓRIA É UMA TRISTE CONSTATAÇÃO. Maltratamos nosso passado como malhamos Judas num sábado de Aleluia, relegando-o ao esquecimento empoeirado do tempo. Vivemos do aqui e agora como se o mundo tivesse nascido há 10 minutos, na louca barbárie do imediatismo. Esse ritmo frenético de excessos atropela não só reflexões um pouco menos rasteiras, como não nos permite sequer imaginar revisitar aquilo que de alguma forma nos fez ser o que somos hoje. Como se o conhecimento, qualquer que ele seja, fosse tão dispensável quanto aquilo que desconhecemos.

Esse esboço de pensamento não deve ser confundido com conservadorismo ou nostalgia, mas como fruto da convicção de que preservar e, talvez, entender o que foi vivido nos permite transgredir modismos e a urgência de necessidades que nos fazem acreditar serem nossas. Essas divagações estiveram na gênese do Canal Brasil, inicialmente concebido como uma janela do cinema brasileiro no meio da televisão e, posteriormente, transformado numa verdadeira trincheira da cultura nacional em todas as suas vertentes.

A música, por sua vez, chegou sorrateira, se impondo soberana como artigo de primeira necessidade, muito naturalmente para um canal chamado Brasil.

Começamos a produzir programas musicais e shows e a buscar, como havíamos feito com o cinema, uma forma que nos permitisse fazer o resgate do nosso extraordinário passado musical. Recorrentemente falávamos do *Classic Albums* da BBC, pensamento logo descartado pela ausência de registros filmados de nossas clássicas gravações. Mas, como um fruto maduro, esse tema estava não só em nossas cabeças como também em outros corações.

E foi assim que Darcy Burger nos propôs, a mim e a André Saddy, em uma reunião realizada em meados de 2006, a produção de um programa que viesse a ser o *Álbuns Clássicos Brasileiros*. Diante da constatação da impossibilidade de se reproduzir o modelo inglês do programa, evoluímos para a hipótese de se criar um formato brasileiro, contextualizado por circunstâncias históricas e políticas e depoimentos artistas, músicos e técnicos envolvidos na feitura dos discos, de modo a viabilizar a elaboração de mais que um programa. Um documentário sobre a produção de cada álbum selecionado. Restava saber quem teria credibilidade suficiente para a condução do programa. E essa foi a mais fácil e unânime das escolhas: Charles Gavin.

Charles, além sua história bem-sucedida de baterista dos Titãs, realizava também um trabalho abnegado de resgate de uma infinidade de álbuns clássicos da música brasileira. Ou seja, assim como Canal Brasil vem procurando fazer pelo cinema, Charles vinha, solitariamente, fazendo o mesmo em defesa da memória da música brasileira — o que era, desde sempre, um motivo de respeito e admiração de todos. A sua adesão ao projeto, bem como o respaldo propiciado pela luxuosa participação de Tárik de Souza na elaboração de pautas, deram a ele não só um formato definitivo, mas principalmente, o embasamento técnico e conceitual exigido pelo programa.

Nascia assim, em julho de 2007, no Canal Brasil, O *Som do Vinil*. O acervo de entrevistas desde então registradas para elaboração dos programas em diversas temporadas é mais que um patrimônio, se constitui hoje num verdadeiro tesouro para todos aqueles que de alguma forma queiram revisitar uma parte já significativa da história da música brasileira. O

Paulo Mendonça

A PELEJ

Ⓟ 1979 D
CBS I. C.

1- A PELEJA
2- AD

5-

SCDP-PF-004/GB

A peleja do diabo com o dono do céu
CBS Epic, 1979

Arranjos Zé Ramalho e Paulo Machado (cordas e sopros)
Produção Carlos Alberto Sion
Assistência de produção Lígia Itiberê e Marcelo Falcão
Engenheiros de gravação Eugênio de Carvalho e Manoel Magalhães
Capa Oscar Ramos e Luciano Figueiredo, Ivan Cardoso (foto)

MÚSICOS
Chacal, Zé Gomes, Borel, Zé Leal, Cátia de França, Jorge Batista, Risadinha, Carlos Sampaio, Gilson, Jorge Gomes Percussão | **Elber Bedaque e Plínio** Bateria | **Chico Julien e Novelli** Baixo | **Pepeu Gomes** Guitarra | **Zé Ramalho** Violão, violão de 7 cordas e violão de 12 cordas | **Geraldo Azevedo** Violão de 12 cordas | **Dino** Violão de 7 cordas | **Chico Julien, Cátia de França, Huguinho, Mônica Schmidt, Waldemar Falcão** Vocais | **Jorge Mautner, Alfredo Vidal, Alvaro Vetero, Guetta, Arthur Dove, Carlos Hack, Lana, Marcello Pompeu, Pissarenko, Virgílio Arraes Filho, Pareschi e Walter Hack** Violinos | **Alceu De Almeida Reis, Iberê Gomes Grosso, Márcio Eymard e Zamith** Violoncelo | **Arlindo Penteado, Frederick Stephany, Nathercia e Macedo** Viola | **Waldir Silva** Cavaquinho | **Severo** Sanfona | **Nivaldo Ornellas, Jorginho, Zé Bodega, Alberto, Aurino Ferreira e Hélio Marinho** Saxofone | **Edmundo Maciel, Manoel Araújo, Jessé e Sylvio Barbosa** Trombone | **Evaldo, Márcio Montarroyos, Formiga, Hamilton** Trompete | **Zdenek Svab** Trompa | **Abel Ferreira** Clarineta | **Osvaldo Garcia, Ricardo Mattos, Waldemar Falcão** Flauta | **Zênio** Tuba | **Huguinho** Órgão

Zé Ramalho

Como era a vida em Brejo da Cruz?
Brejo da Cruz, quando eu nasci em 1949, era uma cidade de dez mil habitantes, sem luz elétrica. Nasci em quarto com candeeiro, em um quarto escuro, sem qualquer tipo de lazer ou conforto. Quando houve o falecimento do meu pai, eu não tinha nem dois anos de idade. Meu pai morreu afogado num daqueles açudes do sertão. Deu uma câimbra nele, em um açude onde ele nadava, e ele não conseguiu retornar. Então eu fiquei sem pai muito cedo, muito jovem, muito garoto.

Quantos anos você tinha?
Não tinha nem dois anos. Assim, a lembrança da figura paterna é uma coisa que não fixou imagem na minha cabeça. E aconteceu uma espécie de divisão da família. Eu tinha uma irmã que tinha acabado de nascer, e minha mãe, naquele desespero, naquela tragédia, foi morar no Recife. Levou minha irmã, e eu iria junto com ela, mas houve a interposição do meu avô, o pai do meu pai. Ele deu um jeito de pedir a minha mãe que ficasse comigo para me criar, talvez tentando me colocar como a imagem do filho que

ele tinha acabado de perder. E foi o que aconteceu. Fomos para Campina Grande, uma cidade muito próspera, mais ou menos aos cinco aos anos de idade, quando eu me defronto com o rádio pela primeira vez. Em Campina Grande, lá pelos anos 1950, 52, 53. Foi a primeira vez que eu ouvi um programa de rádio. Meu tio me levou, ele trabalhava na Rádio Borborema de Campina Grande, que existe até hoje. E foi lá que eu vi artistas como Marinês e Sua Gente, artistas que eu conheci, como Trio Nordestino, a primeira formação. Ficava impressionado. O que tocava na rádio naquela época, rádio AM, obviamente, eram muitos boleros, música nordestina, forrós, Jackson do Pandeiro, muito, Luiz Gonzaga, eram os reis da programação.

Que energia emanava dos alto-falantes, quando você ouvia Marinês, Jackson do Pandeiro, principalmente Jackson, o senso de divisão rítmica, na forma como o Jackson cantava. Cantava fora da métrica, aquela coisa quatro por quatro, ele saía disso e brincava, pegando o compasso mais à frente... Tem umas gravações de Jackson de "Sebastiana", que você tenta reproduzir e não consegue, tamanha é a malícia com que ele jogava com ritmo, diante das pausas e dos compassos. Isso me chamava muito a atenção, e também a rapidez com que ele pronunciava as palavras. A forma de Marinês era a mesma forma de Jackson, só que numa voz feminina. Como ela tinha uma voz firme! Os discos de Marinês na época da Odeon, então no início da carreira dela, eram executados maciçamente. Marinês e Sua Gente, era uma coisa, os shows que eu via de Marinês... Ela tocava triângulo, e às vezes tirava som pelo assoalho do palco de madeira. Fazia percussão no chão com o Triângulo e a gente ficava impressionado, era muita energia. E assim, as batidas dos zabumba, do jeito que eles faziam, valem até hoje para fazer várias formas de música, calcadas no ritmo nordestino. São artistas que ficaram para sempre com a arte que faziam. Apesar de eles aparecerem mais no Nordeste, pela mídia que havia no Brasil, foram de grande valor, não só para mim, mas para todos os artistas que estavam na minha geração, absorvendo e vivendo essa divisão de gêneros. Jovem Guarda, música nordestina, boleros... A Bossa Nova quase não chegava aqui pelo Nordeste. Aqui, acolá, tinha alguma pessoa mais intelectualizada que dizia: "Oh, isso daqui é bacana", música do Edu Lobo, do Milton Banana Trio, essas coisas chegavam ainda. Agora, esses artistas que estamos conversando são fundamentalmente assim, as coisas mais profundas da música do Nordeste. Genival Lacerda também está nesse grupo, e o rei de todos que é o Gonzagão, pessoas que têm a mesma importância, eu acho, do Luiz Gonzaga, a mesma importância de um clássico desses, porque Gonzagão é inventor de um ritmo. Assim como os cariocas têm a invenção da Bossa Nova, o Nordeste tem a invenção do Baião, a invenção do xaxado, em Marinês, uma das grandes divulgadoras do xaxado, que nasceu lá dos cangaceiros, do ciclo do cangaço. O risco vem diretamente daí. Eles fazem uma dança assim, batendo no pé com o côncavo do rifle e batendo no pé. E Marinês fazia: "Eêeee, xaxado! Nascido lá no Sertão! A alma do nordestino, vamos nascer o baiano! Na cesta e nas carabinas, dos cabras de Lampião". Por essa divulgação do xaxado, ela ficou conhecida como Marinês, a Rainha do Xaxado. E isso é uma cultura vinda dos cangaceiros, cara, impressionante isso! Um ciclo tão violento, tão marcante, tão trágico, mas que trouxe todo um ciclo de cultura, de histórias e principalmente de criatividade. Aquelas roupas, aqueles chapéus, que coisa louca que aquele Ciclo do Cangaço proporcionou à própria história do Brasil, envolvendo presidentes da República, líderes religiosos, como o Padre Cícero, que, dizem, "fechou" o corpo de Lampião. Tudo isso é contado assim pelo imaginário dos cordelistas, das

Que energia emanava dos alto-falantes, quando você ouvia Marinês, Jackson do Pandeiro. São artistas que ficaram para sempre com a arte que faziam. [...] Mas aconteceu também de começar a chegar as informações da Jovem Guarda, que iam enchendo a minha cabeça. Até então, jamais imaginara lidar com música.

feiras do Sertão. Nos grandes interiores ainda existe essa manifestação de "cordelistas" vendendo livretos, cantando essas histórias, encantando o povo.

Mas aconteceu também de começar a chegar as informações da Jovem Guarda, os primeiros discos do Roberto, uma coisa que ia enchendo a minha cabeça com essa informação musical. Até então, jamais imaginaria lidar com música. Perto da virada dos anos 1960, meu avô estava sofrendo de pressão alta. Como Campina Grande fica na altura da Serra da Borborema, bem alto, um médico aconselhou que ele fosse morar na capital, em João Pessoa, a uns 150 quilômetros de Campina Grande. Fomos para João Pessoa, eu tinha mais ou menos 13, 14 anos. Foi ali em João Pessoa que tive o envolvimento muito grande meu com música. O rádio de João Pessoa era mais aberto, e tive as primeiras informações de grupos estrangeiros, como Beatles e Rolling Stones. Quando eu ouvi "I Want Hold Your Hands" pela primeira vez no rádio me deu um felling diferente, uma coisa estranha, diferente, e comecei a prestar atenção. Nessa ocasião já estava no Curso Ginasial, no Colégio Pio X, dos Irmãos Maristas em João Pessoa. Nessa da gente comentar nas aulas, sobre dessa ou aquela música, surgiram os jograis do colégio, uma apresentação pra cada classe mostrar um determinado show. Juntei-me a dois amigos da classe e nós fizemos um grupo chamado Os Jets, onde a gente reproduzia algumas músicas já da Jovem Guarda, e se apresentava nos jograis do Colégio Pio X. Ai, aquilo deflagrou um vírus. Quando eu toquei a primeira vez, embora fosse em tom de brincadeira, pra todo o colégio, senti uma coisa muito séria já, achava que era aquilo que eu queria fazer já, muito embora a vida ainda tivesse muita surpresa pra trazer. E partindo daquilo ali, quando acabaram-se os jograis, comecei a prestar atenção nos grupos de baile de João Pessoa. Tinha um grupo chamado Os Quatro

Loucos, dos irmãos Miranda, Floriano e Golinha. Puxa vida! Um dia eu vi esses caras cantando num show, num comício em João Pessoa e vi o guitarrista deles, Vital Farias, grande compositor, autor hoje consagrado. Vital tocando uma guitarra vermelha linda. Fiquei encantado com aquela visão. "Eu quero fazer uma coisa dessas, é isso que eu quero fazer! Ter uns instrumento desse e tocar esse tipo de música." E comecei a me virar; em casa, me deram um início de uma instrução musical, um professor de violão que me deu as primeiras noções, e eu, naquela sede de mamar tudo, de absorver, saí pegando. Onde tinha grupos tocando, estava eu ali atrás, vendo as posições, como se fazia a harmonia de tal música e comecei a colocar discos e tirar as músicas em casa. Fui imitando esse mundo, até que apareceu uma oportunidade. Vital ia sair dos Quatro Loucos para se dedicar à música de teatro, música de cinema, que as coisas iam se ampliando pra ele. Na falta de Vital, ficaram sem guitarrista e colocaram um concurso para substituí-lo. Fui lá, no meio de mais uns seis, sete caras no estúdio, fazendo os testes. Só sei que consegui essa vaga de Vital, uma honra muito grande pra mim, guitarra solo. Nessa época, comecei a me aplicar muito, a copiar solos, a fazer covers e ao mesmo tempo ia me soltando pra fazer alguns improvisos. O meu envolvimento começou a crescer diante disso. Participei de outros grupos musicais de João Pessoa, mas onde me firmei mais adiante, profissionalmente, foi no grupo The Gentlemen, do meu amigo Hugo Leandro, que ainda existe hoje, ainda está fazendo essas incursões. Foi o grupo que me deu uma noção de profissionalismo, porque havia um diretor, gerente do grupo, que dava uma espécie de cachê pra você ficar firme no grupo durante um mês, dois, uma coisa desse tipo. Passei muitos anos nesse grupo. Essa é a base musical que eu tive.

O que era o serviço de rádio?
O serviço de rádio era um alto-falante, que ficava amarrado num pau lá em cima, e o camarada fazia aqueles avisos, "Oh, Fulano de tal, Fulana está esperando você em tal esquina da rua, debaixo da marquise ali, às duas horas da tarde, não se esqueça não". Os caras davam avisos nas cidades, quando tinha festas, era a forma de alertar a população para tal aula, que é quando ligavam uma espécie de motor de luz, em um tempo onde a luz elétrica era um luxo! Então tinha que ter um motor lá pra botar energia suficiente pra durar uma hora ou duas e as pessoas se divertirem um pouco. A mesma coisa com o Alceu Valença, a cidade dele era São Bento do Una. São cidades muito longínquas, e esse era um tempo distante. Na difusão do serviço de som, às vezes você levava um disco para o cara colocar lá e você ouvir, ou você pedia: "olha, toca essa música e oferece pra tal menina, que eu estou querendo namorar com ela". E o camarada ainda falava isso, a cidade toda ficava sabendo. Era uma coisa muito divertida, agora, não sei se hoje em dia. O camarada com o microfone fazia até uma cabine apertadinha, parecia um banheiro químico.

Como era o show? Era essencialmente acústico?
As bandas de forró eram bem simples em termos de equipamento. Era um zabumba e um triângulo, você com isso subia num caminhão, como seu Gonzagão fazia. Ele fazia isso o tempo todo. Você fazia uma turnê pelo sertão, botava um caminhão que seria o palco, e os seus dois músicos iam na cabine com você. Era um microfone só para tocar sanfona, entre a zabumba e o triângulo. E isso numa apresentação ao vivo, assim, em cima do caminhão. Era um som que você quase não se identificava muito com a potência. Agora, quando passava para um forró, dentro de um galpão, já pegava um clima com esse trio.

E era um microfone pra voz? Um pra tudo?

Um pra tudo. E a roupa maravilhosa com que se apresentavam. Aquela roupa de seu Luiz era maravilhosa, a de Marinês também era incrível, ela se vestia como uma cangaceira. Então havia já uma espécie de um arquétipo, uma roupa pra se apresentar e tocar aquele determinado tipo de som. Música nordestina durante muito tempo ficou ligada a isso, com essa coisa dos cangaceiros, a indumentária, misturado com vaqueiros, que é aquelas roupas de couro, gibão, sapato de couro. Eu cheguei a usar uma espécie de uma roupa que lembrava muito essas roupas. No início da minha vida me apresentei muito assim. Roupas de couro, os caras me diziam: "Pô, como é que no calor aqui no Rio de Janeiro você veste uma roupa de couro"? Eu dizia: "Pior são os vaqueiros, que trabalham debaixo do sol, correndo atrás de boi lá dentro dos cercados lá, com a roupa de couro mais grossa do que essa". Essas imagens do Nordeste ficaram durante muito tempo, hoje em dia vejo que a música já se mesclou tanto, já houve uma interatividade tão grande. Antigamente, há uns 15 ou 20 anos, só quem tocava música nordestina eram os nordestinos. Hoje não existe mais isso, mesclou-se. Por exemplo, em São Paulo tem aquele tal do Forró Universitário, que passou a ser executado por grandes bandas. No Rio de Janeiro tem o Forrosacana. Isso demonstra que a música nordestina passou a ser adotada como se adota qualquer gênero musical. Como existem também grupos do nordeste, como O Surto, de Fortaleza, que é um grupo de Metal, que se apresentou no Rock in Rio. E você vê que há agora uma assimilação muito grande de todo tipo de gênero espalhados pelo Brasil. Não é só fulano que nasceu numa região que pode tocar aquele tipo de música. É qualquer um, a coisa agora ficou democrática e ao mesmo tempo significa que as formas musicais se adentraram, se enraizaram, e viraram agora tudo música brasileira. Então é uma coisa riquíssima. Ao lado do samba, o forró vem com uma força danada, porque foi tudo criado aqui. São coisas do nosso território, tudo nasceu aqui dentro e você percebe que partindo disso houve uma disparidade muito grande de pessoas, que eram restritas a tocar aquele ritmo e que hoje se sentem totalmente seguras, a partir do momento que têm um impulso para executarem. Vejo isso com muito bons olhos, porque a coisa fica menos ríspida, fica unificada. O grupo dos Titãs tocam coisas de quase todos os tipos, vejo vocês tocarem.

Você poderia explicar algumas diferenças para os ritmos xote, baião e maracatu?

O xote seria uma coisa mais lenta. "Minha vida é andar por esse país, pra ver se um dia e descanso..." ["Vida do viajante" de Hervé Cordovil e Luiz Gonzaga] é xote. É uma coisa para ficar dançando numa espécie de ritmo lento. Já o baião, ele dispara. É uma coisa que você fica mais livre, mais solto. Sobre o coco, Jackson do Pandeiro dizia que quem sabe cantar e tocar coco, toca e canta qualquer tipo de música. Tem um ritmo chamado rojão, Genival Lacerda virou o Senador do Rojão. Há uma variação muito grande de ritmos e, às vezes, você começa a misturar um com o outro. Quando fiz "Frevo mulher", consegui reunir vários ritmos, ficou um "agalopado", junto com o que a gente chamava de marcha, junto às coisas do frevo pernambucano, adicionado baião e adicionado um pouco de coco. Eu uso esse formato praticamente em todos os meus discos, em todos os meus shows. Adapto várias músicas a esse formato "agalopado" meio rápido. Tornou-se uma espécie de marca registrada minha.

Você reúne tudo nas suas músicas, desde o início.
Tem aquela abordagem de guitarra, de informações estrangei-

ras, mas a minha corrente, as músicas com que eu me tornei compositor, surgiram depois que adicionei a coisa do Nordeste. Houve em 1974 uma cineasta de São Paulo chamada Tânia Quaresma, que fez um filme chamado *Nordeste: cordel repente e canção*. Um filme lindo sobre a cultura do Nordeste de uma forma geral, onde fui uma espécie de rastreador pra ela, indo nas casas dos violeiros e cantadores. Esse filme, quando a gente estava fazendo as locações, indo nas residências deles, me pôs em contato frente a frente com os maiores cantadores e gênios desse universo do repente. Isso definiu minha vida. Foi quase um mês em contato com eles, recebendo uma energia tão forte, percebendo, vendo como era aquilo. Passei a mergulhar como um louco, uma obsessão de ler todas as formas e modalidades de cantoria. E, quando isso aconteceu, comecei a escrever as minhas músicas. O que faltava era uma base de métrica nordestina, como eu encontrei na música dos violeiros, porque são todos versos, tudo medido. Sextilha, septilha, o decassílabo, que é o verso de dez sílabas, com dez tônicas, uma em cada linha. Quando eu descobri e entendi isso, comecei a escrever minhas músicas, comecei a escrever "Admirável gado novo", começaram a surgir ideias. Antes eu não sabia como organizar os pensamentos, as inspirações, porque o verso livre fica muito fácil. Os cantadores me mostraram fórmulas, assim tentei e achei fácil escrever e organizar as minhas ideias. A coisa do Nordeste, junto com essa coisa pobre, foi o que me deu a fonte que uso até hoje. Tenho uma facilidade grande de lidar com isso porque nunca paro de praticar, faço isso todo o tempo, toda a hora, quando estou gravando ou fazendo uma apresentação ou show.

O que fica tão especial a mistura da cultura e da música nordestina quando você funde isso com música pop de qual-

quer lugar do mundo? O que, que você acha que torna tão especial essa fusão, essa mistura?

Depende de cada alquimista. Depende de como você mistura. Tive um mergulho muito profundo nas baladas Pop, vindo de Bob Dylan, de Neil Young, do próprio filme *Woodstock*. Quando assisti *Woodstock* pela primeira vez minha vida mudou. Entrei em um cinema com uma direção e, quando saí, estava em outra. Eu queria fazer tudo aquilo que eu vi, e eu não sabia que era possível realizar tudo aquilo! Quebrar instrumentos, tocar coisas com a boca, como o Jimi Hendrix fazia... Achei aquilo tudo de uma beleza que eu nunca tinha visto igual. Daí a dedicação que tive de não só escutar muito essas coisas, de sentir. O *feeling* é uma coisa séria, é como se diz: "decorar é fácil, entender que é difícil". Isso é uma coisa que nunca saiu da minha cabeça, como é importante você tentar ir lá no fundo dessas formas musicais que são as matrizes da música pop que aconteceram nos anos 1960, as melhores, acho que até hoje. Na verdade, tudo que temos hoje são variações sobre o mesmo tema. As grandes raízes da música pop e do rock, se você for escutar, são maravilhosas, são as grandes emoções que estão ali. E senti todo esse tipo de música. Escutei na época, procurava não só sentir, traduzia com um professor de inglês o que estavam falando, as letras do Pink Floyd. Para juntar tudo isso era preciso ter uma dedicação muito grande e um mergulho muito profundo. Obviamente, teve uma fase de experiências psicodélicas também, coisas que aconteceram na época, o LSD se espalhando pelo mundo, isso também chegou no Nordeste.

Você experimentou?

Claro! Se não fosse o chá de cogumelo, talvez não existisse a música "Avôhai". Está lá na letra: "Amanita matutina" (a espécie de cogumelo com que se fazia chá) "e que transparente cortina ao meu redor...". Uma parte da música é transcrição de uma dessas experiências que eu fiz. Foram coisas que me impulsionaram para a filosofia dessas músicas, desses ritmos. Estamos falando de uma fase, dos meus 20 anos de idade, quando você está garotão, com aquela liberdade voando junto para todo lugar, e você quer fazer tudo, acha que está tudo pronto e que você pode ir e voltar. Ao mesmo tempo, você está passando por uma linha fina e tênue, entre o perigo e a sabedoria. O certo é que eu consegui passar por essas experiências e retirar delas coisas que foram importantíssimas para o meu trabalho, principalmente em relação às letras. Há muitas letras feitas nessa época, músicas tocadas até hoje, porque temos uma espécie de feitiço embutido nelas, algo que nasceu quando as músicas estavam sendo feitas e que eu nunca canso de cantar. Já se passaram 32 anos de carreira, e em todos os shows eu tenho que cantar "Avôhai", eu tenho que cantar "Admirável gado novo", tenho que cantar "Chão de giz", todas músicas feitas nessa época lisérgica. E houve um período de grandes revelações pra mim, ao mesmo tempo, de ler livros esotéricos, como o do Carlos Castañeda, que era o papa dessas leituras que deslumbravam. Tudo isso foi muito intenso pra mim.

Acho que no seu período, nesse momento que você está falando, a relação da juventude com as drogas era diferente. Tinham outro propósito, além do que é hoje.

Houve um esclarecimento grande, porque a cabeça que nós tínhamos na nossa geração veio da educação dos nossos pais, uma educação europeia, estritamente religiosa, onde tudo era não e pouca coisa era sim. Você não podia fazer quase nada, tudo era pecado, limitado. E quase não havia a opção de descobrir por si

Se não fosse o chá de cogumelo, talvez não existisse a música "Avôhai". Uma parte é transcrição das experiências que fiz. Foram coisas que me impulsionaram para a filosofia dessas músicas, desses ritmos. Estamos falando dos meus 20 anos de idade, quando você está garotão, com aquela liberdade voando junto para todo lugar, e você quer fazer tudo, acha que está tudo pronto e que você pode ir e voltar, na linha fina e tênue entre o perigo e a sabedoria.

mesmo, o que você podia achar de certo ou errado. Essas experiências expandiram a cabeça de todas as pessoas, no mundo inteiro. A Revolução da contracultura, no final dos anos 1960, vinda de São Francisco, Califórnia. A gente procurava pegar uma carona de longe, um ecozinho que chegava dali e, ao mesmo tempo, tudo era impulsionado pela música. Lembro-me de sensações incríveis, tocando, vendo as primeiras músicas sendo apreciadas por público, a reação da plateia. Ver aquilo me dava uma felicidade extrema. "Puxa vida! Se as pessoas estão gostando é porque o negócio está indo bem!" Hoje em dia temos uma outra leitura dessas coisas. Já não há tanta liberdade, a procura não é pela liberdade, nem as drogas, isso já foi esclarecido. As gerações já falaram sobre isso, sobre experiências naturais, com ervas naturais. Hoje essas coisas sintéticas, que a juventude usa, são um outro tipo de perigo. Tudo é perigoso e tudo é divino e maravilhoso, não é?

Você tem uma facilidade enorme pra ouvir e pra receber a influência de qualquer lugar. O que me faz pensar também. Eu não vi Jackson do Pandeiro, que eu acho assim um dos artistas mais importantes da música brasileira de todos os tempos. Mas a vitalidade que eu vejo nele eu vejo no Jimi Hendrix também, cada um do seu jeito. Então eu digo, – Jackson é rock and roll desse ponto de vista porque tem uma pegada. É uma coisa difícil de explicar. É uma realidade diferente, acho que Bossa Nova também é visceral de outra forma, mas vocês assim, tem uma coisa visceral ali que eu acho que está muito próxima, essa coisa do palco do rock and roll. Sim ou não?
O tempero das regiões do Brasil é uma coisa muito séria, você nasce temperado. Os caras que vieram antes de Gonzagão, aque-

les que nunca nem sequer gravaram e correm lendas no Nordeste, como o Zé Limeira, o "Poeta do Absurdo", foi um dos grandes inspiradores meus. "Zé Limeira veio ao mundo, pro modo de fazer justiça, com 13 anos de idade, discutiu com a doutoriça, com quatro meses depois sentou praça na polícia." Ele misturava tudo feito um coquetel, feito um liquidificador, tudo o que via, que ouvia no jornal ou no rádio, embolava tudo. E dizia mais ou menos assim:

Talvez vocês desconheçam que eu sou de Taperoá, terra de homem valente, etcétera e coisa e tal. Onde muito mexicanos do cinema americano foram aprender a lutar. Foi onde eu aprendi, no período de três mês, a falar corretamente todo o idioma inglês. Vou mostrar como se sabe, mostrar minha competência, fazendo a declaração de Love. A declaração de Love é assim: Primeiro chega a mocinha, pergunta as horas pro caubói, ele diz são Five o'clock com a pose de herói.

Esse era o Zé Limeira, um todo absurdo e que no final da vida teve a oportunidade de contar alguns trechos da vida para uns dos grandes repentistas, Otacílio Batista, que fez um livro, junto com Orlando Tejo, chamado *Zé Limeira, o poeta do absurdo*. Esse livro está na quinquagésima edição, é um livro *cult*, onde tem essa do Zé Limeira: "você pode misturar tudo que você quiser, desde que as rimas estejam corretas". Essa era a onda do Zé Limeira: reunir cenas, imagens, qualquer lembrança sua, botar num pacote só e rimar, que vai dar tudo certo. Usei muito isso, nas coisas que eu fiz e faço até hoje, pegando esse eco, essas lembranças.

Sobre o filme que você comentou... Você tocando essa espécie de... Como é que a gente chama isso...?

Tinha "A Canção do lenço", que era de um repentista, chamado Severino Pelado.

Minha vida é um romance de tristeza e ilusão. Parece que o destino foi quem me fez traição. A esperança perdida quando eu conto a minha vida dói em qualquer coração. Já amei, já fui amado, já vivi bem satisfeito. Já gozei a minha infância, já tirei grande proveito. Desfrutei a mocidade, nunca pensei que a saudade fosse embora em meu peito.

E você veja que *feeling* esses caras tinham, uma música romântica daquelas poderosíssimas. Durante a filmagem [de *Nordeste: cordel, repente e canção*], o encontramos na Feira do Crato, Ceará, vendendo e cantando essa história com um folheto na mão. Era "A canção do lenço", uma canção trágica, que parece uma coisa de Romeu e Julieta. Por incrível que pareça, naquela ocasião havia uma roda de pessoas ouvindo, encantadas, tamanho era o poder daquele cantor. Era um intérprete incrível, maravilhoso, que atraiu a atenção das pessoas com os *feelings*, com o sentimento. Essa faixa entrou no filme da Tânia.

Sobre esse projeto aqui, me explica o nome. O que quer dizer "Paêbirú"?

"Paêbirú" é uma palavra dos antigos índios guaranis que andaram pelo interior da Paraíba. Significa "Caminho da Montanha do Sol". "Paêbirú", "Peaberu" e "Pariêberú" são três formas, todas querem dizer a mesma coisa. Seria mais ou menos assim: a pedra do Ingá, de onde vem a motivação para realizar esse disco, é um painel gigantesco no interior da Paraíba, perto de Campina Grande, um painel rico em inscrições rupestres, uma pedra enorme com um lustro reluzente, uma rocha vulcânica. Os sinais são de baixo relevo, profundo, não são riscados, como existem muitos pelo Brasil. Nessa pedra há cavidades profundas em baixo relevo, que formam um gigantesco painel de sinais. Geólogos, historiadores passaram por lá e não definiram que escrita foi aquela, se era escrita, hieróglifos... O certo é que as lendas que correm ao redor dessa pedra são bonitas, foi de lá que retiramos as melhores imagens para realizar esse trabalho. Por exemplo, dizem que uma criatura chegou há milhões de anos ali naquela região, chamada Sumé (ou Zumé), uma espécie que veio do espaço com barbas de fogo e raios nas mãos, e que com esses raios teria feito aqueles sinais na pedra, deixando uma mensagem críptica e que ninguém jamais soube que mensagem era essa. O certo é que essa pedra já inspirou grandes artistas plásticos na Paraíba, e foi por meio desses artistas que eu comecei a ter notícia dessa pedra. Um artista chamado Raul Cordel, lá de João Pessoa, foi quem me disse: "Olha, Zé, você tem que ir lá na pedra, nessa pedra no Ingá, perto da cidade chamada Ingá do Bacarmate. Você vai chorar, quando sentir lá, porque ela tem um poder, ela emana uma coisa..." Na primeira vez, realmente, que me aproximei da pedra, levado por essas histórias, senti realmente uma coisa estranha, diferente, fiquei impressionado. Como é que aquilo poderia ter acontecido? O que aconteceu ali naquele tempo? A pedra ao mesmo tempo desvia o curso de um rio, o rio Bacamarte, que bate de um lado dela e toma outro rumo, o Caminho da Montanha do Sol. Dizem também que era como estivesse demarcando o caminho até Machu Picchu, no Peru. Caminhos marcados, como a Pedra da Gávea, que está cheia de inscrições. Aquele formato estranho da Pedra da Gávea, o formato de uma

LULA CÔ

stereo

...S E ZÉ RAMALHO

solar
LP - 100.001

cabeça gigantesca. Houve uma época aqui no Brasil, onde alguma coisa aconteceu e embarcaram essas pedras por alguma razão. Não são pedras pequenas. Passa por Vila Velha, interior de Goiás, que tem umas coisas alucinantes. Se você entrar nessa coisa da pré-história brasileira, vai se deparar com coisas que vão deixá-lo impressionadíssimo. Essas histórias, juntas, levam a essa configuração, do que se chama O Caminho da Montanha do Sol. E seria uma espécie de redenção da pessoa que idealizou esse caminho, como o de Santiago, na Europa. No Brasil aconteceu a demarcação dessas culturas, desses sinais estranhos sobrenaturais que muito me intrigam até hoje. E eu visito essa pedra a cada cinco, seis anos. Vou lá sentir um pouco da energia dela, porque uma das coisas que mais me impressionou foi isso de onde vem, o que aconteceu e quem fez aquilo? Isso nunca foi respondido. Existem livros e muitas teorias. O certo é que essa pedra nos inspirou a fazer esse trabalho, em 1974 é quando esse disco foi feito. Todas as letras foram feitas para a gente construir o disco, fizemos as letras falando desses mistérios da pedra. Fizemos um álbum duplo, são dois LPs; em cada lado de um LP colocamos um elemento da natureza: ar, terra, fogo e água. Procuramos utilizar instrumentos que se aproximassem desse conceito, dessa ideia. No lado da terra, por exemplo, utilizamos muito tambores, muitos ritmos, muitas repercussões, coisa meio tribal. E esse envolvimento místico que demos ao disco foi impressionante porque, na maioria das sessões que fizemos no Estúdio Rozenblit, tínhamos uma ideia de letra para desenvolver. Mas chegávamos no estúdio completamente sem saber por onde começar. Éramos eu e os músicos da época. Além de Lula Côrtes, havia Paulo Rafael, que hoje é o escudeiro do Alceu Valença, um grupo chamado Ave Sangria, lá do Recife, que antigamente se chamava Tamarineira Village. Alguns músicos que trouxe de

João Pessoa: Hugo Leão, um dos caras que tocaram na época do grupo de baile comigo, além de simpatizantes e pessoas que entravam juntos pra fazer coro, ou alguma coisa. Na verdade, era assim: começavam uma faísca, uma célula, e a gente começava a desenvolver aquele tema. Teve participações luxuosíssimas de Alceu Valença, de Geraldo Azevedo, que estavam passando lá no Recife, já que esse disco demorou de três a quatro meses para ser realizado. Eles chegavam no estúdio, e percebiam a liberdade do que estava sendo gravado e entravam no clima imediatamente. Houve então uma criação de, praticamente 90%, sem qualquer programação. Não havia nada, a gente apenas chegava lá e começava a acontecer. Seria nossa estreia. Mas o disco nunca chegou às lojas, por conta das enchentes do rio Capibaribe.

Vocês gravaram um disco pela Rozenblit, gravadora sediada em Recife?

Esse parque da Rozenblit era uma coisa que não existe mais hoje em dia, a gravadora e os estúdios em lugar só. Os estúdios, a parte burocrática, a própria fábrica com as prensas, os caldeirões para o vinil, e a gráfica. Tudo num lugar só. O parque da Rozenblit era enorme, imenso. Muitos artistas do Brasil, na época, iam gravar ali. Geraldo Vandré, artistas da Jovem Guarda, Martinha, todos iam gravar lá na Rozenblit, por conta da rapidez. Você gravava o disco, o disco prensava e saia, num lugar só. E aí vem o destino, a enchente do rio Capibaribe. Recife é uma cidade cheia de pontes, houve um período muito intenso de cheias que prejudicaram muito a cidade. O parque gráfico da Rozenblit estava na região metropolitana de Recife, e não deu outra, veio uma enchente poderosa e alagou tudo. As máquinas foram atingidas exatamente quando estava nosso disco sendo prensado e encaixotado. Salvaram-se na época menos de mil discos.

Como salvou? Salvou ali mesmo no parque?

Quando perceberam que a água estava cobrindo tudo, os empregados começaram a subir desesperadamente algumas máquinas ou retirarem o que podiam. Máquinas caríssimas naquela época, que vieram de fora. E algumas caixas de discos que estavam já prensados, prontos para serem distribuídos, eles começaram a jogar em barcos e lanchas para salvarem. Foi assim que *Paêbirú* escapou de ser totalmente aniquilado. Os discos que sobraram viraram peças de colecionador. Viraram cult.

Por que viraram tão cult assim?

Os anos foram passando e segui minha história, assim como o Lula, as coisas foram de delineando, se formando. Acredito também no poder que esse disco tem. A sonoridade, ele é gravado em três canais. Só dava pra você dobrar uma voz, colocar um instrumento, isso era muito limitado. Então conseguimos unir as faixas umas com as outras, praticamente não existe separação das músicas. Os dois lados são totalmente sem intervalo. A gente conseguia fazer isso emendando fitas, colando. Seu Hércilo Luz era o técnico de gravação. Na hora de você fazer as mixagens, tinha aquela coisa artesanal "vamos ver se a gente cola aqui, vamos colar aqui." Sei que no fim muitas coisas davam certo, e aconteceu também que a amostra gráfica do disco era riquíssima. O vinil, quando você o abria, o libreto crescia, se agigantava. Um nível muito alto que a gente conseguiu para o trabalho. E tem o trajeto de todos que passaram, ficaram muito marcantes as presenças de Alceu Valença, Geraldo Azevedo, a minha, a do Lula Côrtes. Esse disco, para o meu público, para os meus fãs, passou a ter um significado extremamente importante para os colecionadores, porque raríssimos tinham acesso à ele. E isso, antes do computador, antes de se conseguir fazer cópias, multiplicar quantas vocês quiser, era muito raro. Tinha cara que chegava para mim assim pra mim lá nos anos 1970 e dizia: "Isso daqui eu trabalhei para o meu patrão. Três salários que eu pedi adiantado, para poder comprar isso daqui." E mostrou um LP zerinho. Fiquei impressionadíssimo com a história que o cara estava me contando, e com a alegria e a felicidade dele em ter uma coisa tão rara. Mandaram-me uma revista dessas semanais, que publicou que *Paêbirú* é mais raro do que o disco do Roberto, o *Louco por você*. Mandaram pra mim, para eu ficar ciente disso, uma gravadora de São Paulo me mandou essa informação. Fiquei impressionadíssimo, porque estamos falando de uma época tão distante, quando a gente era muito romântico, muito idealista. Você jamais imaginaria que um disco desse iria galgar uma importância para colecionador devido à própria sonoridade e a própria história que envolve todos os que estão aí no disco, e ele chegar à Europa, ser avaliado por sites que tratam de busca psicodélica. O disco é totalmente feito com coisas assim, de tradição. Isso daqui é um detalhe que vem de Lula Côrtes: dois lagartos com um cogumelo no meio, uma representação do que nos inspirou e de que estávamos assim, meio alterados, gravando o disco. Por várias vezes a gente estava fazendo os discos com chá, assim do lado.

Tem bastante guitarreiro. Você não é guitarra?
Tem algumas guitarras minhas e tem também Paulo Rafael fazendo contrabaixo. Faço guitarra e baixo grande parte do disco. Nesse tempo, eu era muito aplicado, fazia estudos diários de escalas, tinha um prazer imenso em fazer isso e me considerava um violeiro acima da média. Hoje nem tanto. Passei a fazer outras coisas, mas era um período de minha vida, onde eu tinha uma razão muito forte, puxado pela música. Não é à toa que con-

segui fazer um dueto com Hermeto Paschoal há uns anos, tive um encontro com ele, extraordinário. Ele se lembrava desse disco, o Hermeto, e me falou desse disco: "Você devia voltar a tocar viola!". Fizemos uma gravação no Estúdio de Robertinho de Recife. Essa gravação entrou em um de meus discos. Ele me motivou muito a voltar a tocar a viola, e fizemos uma pegada muito boa; a musicalidade todinha das coisas que eu ouvi e dos bailes em que eu toquei, me deixaram uma base muito rica de ritmo, de execução. Tem um instrumento que o Lula usava que ele trouxe do Marrocos, um instrumentinho pequenininho que parece uma tambura indiana, só que ele encontrou uma afinação distribuída na combinação. Esse instrumento só tem as escalas simétricas, não tem sustenidos ou bemóis... A escala da cítara indiana é toda assim, você faz os sustenidos com uma pressão na corda. Isso deu um charme especial a esse disco, essa mistura oriental. A gente tinha um fascínio muito grande por essa coisa da música oriental nessa época, alguma coisa nos atraía pra isso. Procuramos utilizar esse instrumento ao máximo, tirar esse som oriental, misturar a viola nordestina com as escalas orientais e tudo revestido de muito ritmo e criatividade. A gente tinha essa ideia central para realizar esse trabalho, e o tempo conferiu um lugar a ele que me assusta e me impressiona até hoje. A forma como ele foi cultuado. Para a história da discografia brasileira, é incrível. Não há, a meu ver, mais forma nem ocasião pra se lançar aqui no Brasil, porque o que tinha de se acontecer já teria acontecido... Hoje ele está seguindo uma caminho pelo mundo a fora.

Você estava no Recife, veio para o Rio de Janeiro. Resume pra gente.

Depois de *Paêbirú*, de 1974, Alceu Valença, que me viu gravando, me chamou para tocar viola na banda dele. Ele estava sendo lançado pela Som Livre, o *Molhado de suor*, e fomos fazer uma turnê pelo Rio, São Paulo e algumas partes do Brasil. Começamos aqui no Rio de Janeiro pelo Teatro Tereza Rachel. Nessa época o Tereza Rachel era o templo da música brasileira aqui no Rio... Todo disco lançado lá tinha um charme especial. Era um teatro pequeno, 400 pessoas sentadas, mas era o único shopping que tinha no Rio de Janeiro, o Shopping de Copacabana, e, no andar de cima, tinha o teatro Opinião. As apresentações no Tereza Rachel foram espetaculares, propuseram que gravássemos um disco ao vivo, no Terezão. Porém nas primeiras apresentações, como a gente era recém chegado e ninguém tinha ouvido falar da gente, não havia quase ninguém na plateia. Durante 15 dias tinha 10, 15 pessoas em cada apresentação... Essas 10, 15 pessoas que viam o show falavam pra outras pessoas "olha, tem um show ali com uns caras assim..." e as pessoas foram levando outras pessoas, que foram começando a ver o show e o show foi crescendo, crescendo até ganhar... uma plateia ávida das sonoridades que a gente estava oferecendo. Era uma banda muito grande que a gente tinha nessa época acompanhando o Alceu. Além do Alves Sangria tinha eu, tinha o Zé da Flauta que tocava sax e flauta e tinha uns percussionistas extras que ele colocou aqui no Rio de Janeiro. A sonoridade era muito instigante, muito diferente, furiosa com as letras malucas, a letra do Alceu... Gente, como ele se apresentava! E eu tocava três instrumentos, tocava viola de 12 cordas, tocava viola de 10 e um ukulele havaiano. Dividi algumas canções com o Alceu, alguns repentes, tudo isso está lá no disco ao vivo. Nesse período era assim, os show aqui no Rio, acho que São Paulo também, tinham duas partes... A primeira parte, uns 15 a 20 minutos de intervalo quando você tomava um refresco, um drink, fumava um cigarro... E depois retornava o show. Todos os shows eram assim. Na primeira parte do show, Alceu conheceu uma das minhas músicas, "Jacarepaguá Blues" que foi gravada. No disco *Grande encontro* tem ele cantando essa música. Ele me pedia pra encerrar a primeira parte com essa música, que falava da mãe. Ele tinha uma obsessão com a mãe dele, tem uma música dele chamada "Edipiana". Depois que ele cantava "Edipiana" ele pedia pra eu terminar a primeira parte do show cantando essa música. Ele saía do palco e eu ficava com a banda. Isso me deu já uma responsabilidade enorme.

Tão Indecente foi o jeito que essa mina descarada, arranhada, repulsiva me jogou de repente. Eu já sabia das suas intenções maléficas contra mim, por isso me precavi com todo alho e cebola que eu consegui encontrar. Mas o que eu não sabia era que você era exata e precisa nos seus movimentos por isso confesso eu to num terrível astral. Minha família mandou-me um cartão postal, pois tal cartão conseguiu me fazer chorar e o reco-reco que eu brincava e, mãe a senhora me bateu por que eu troquei por um isqueiro pra poder fumar um tal negócio ou coisa parecida que faz bem ou mal a saúde não me interessa, mãe quero ir a Sodoma pra poder fumar.

Aí entrava o Zé da Flauta, um puta solo de flauta. Ele era louco por essa música. Tanto que, volto a dizer, quando o *Grande encontro* estava sendo gravado no Canecão — não estava programada essa música, nunca se chegou a ensaiar — Alceu gravou essa música, no meio do palco, onde estava fazendo a parte dele, começou a tocar essa música. Ele diz que se lembrou desse tempo convivendo com ele, depois de tantos anos, deu saudade e aí ele cantou essa música, veio todinha na cabeça dele, cara, ele conseguiu se lembrar da letra inteira e reajustou lá no palco. E era assim, essa chance que ele me deu de executar essa música, foi importante isso pra mim. Eu tinha já uma noção da plateia, não só eu fazendo o meu trabalho de viola que foi importantíssimo pra ele. Ele me deu essa chance de começar a mostrar meu trabalho e, às pessoas, foi a primeira noção que tiveram de uma música minha, através dessa música, de um período anterior ao período místico do "Avôhai", dessas músicas que eu fiz num período em que ainda estava naquelas pauleiras de rock, de blues que eu escutei muito, e alguns show que eu fiz no início era totalmente pop. Saiu agora um disco que o Marcelo Froes fez, chamado *Zé Ramalho da Paraíba*. Ele criou um selo chamado Discobertas. É o disco que está estreando o selo dele, e tem todos esses show que eu estou lhe falando... Show de pauleira, de rock, de blues, eu cantando. São gravações analógicas em equipamentos rudimentares, mas a proposta do selo é essa mesmo, é fazer uma coisa indie. Tem eu cantando essa música assim, na íntegra, como eu tocava na época, cheio de guitarra, de solos. Um disco duplo com três show lá da Paraíba.

Até eu terminar o período com o Alceu, nós fomos para São Paulo, fizemos Belo Horizonte, fizemos Brasília, cumpri etapa com ele, me desliguei da banda e comecei a fazer a minha concentração pra chegar no Rio de Janeiro sozinho e começar essa longa caminhada pelos corredores das gravadoras.

Você percorreu gravadora ou não?
Fui de uma em uma, cara. De escritório em escritório... E a referência que eu tinha era exatamente essa: aquele músico que tinha tocado com Alceu Valença, e que ele chamava o Rock Doido da Paraíba. Só que eu já venho com essas músicas todas prontas, "Avôhai", "Vila do sossego", "Chão de giz", vim com um pacote todo pra cá... O difícil aqui no Rio de Janeiro era se manter vivo,

porque eu vim sem ter onde ficar, dormi muito tempo em banco de praça aqui... Hoje em dia se você fizer isso certamente vai ser morto, assaltado... E tive a sorte de não ser molestado nesse período difícil. Dormi em muito banco de praça, em frente ao Copacabana Palace, dormi na areia encostado no calçadão... Sabendo que isso era um período difícil, mas passageiro, porque eu estava com esse pacote de músicas prontas e eu não tinha dúvida nenhuma de que elas iriam vingar. Agora, é muito difícil você se manter asseado, limpo, roupa lavada. Como era difícil se manter alimentado... Então fiz muitos trabalhos pra me manter vivo, Trabalhei numa gráfica aqui no lado da Rua da Carioca, imprimindo panfletos, pra ganhar um troco. Tudo isso pensando que lá adiante tinha uma coisa diferente me esperando.

Quanto tempo durou isso, Zé?

Isso durou um ano, um ano e meio, o ano de 1976 e o de 1977 inteiro. Tanto que foi gravado em Novembro de 77 esse disco (*Zé Ramalho*). Até eu chegar na CBS, passei pela Phonogram, que na época estava lançando Gerson King Combo, que iria arrebentar. E fiz uma fita demo lá na Phonogram, o Carlos Alberto Sion, o produtor do disco, conseguiu um horário lá pra eu gravar. Levei Pedro Osmar, levei Ivson, que era um exímio violeiro, fizemos uma fita demo lá com as quatro músicas. Com essa fita em rolo, comecei a percorrer as gravadoras. A Phonogram não quis encarar, passamos pela RCA Vitor e nessa ocasião quem mandava eram Antonio Carlos e Jocafi, eram os "donos" da gravadora. Também escutavam as músicas, achavam que não tinha como comercializar aquilo porque eram músicas estranhas, achavam as sonoridades estranhas, "Avôhai"... "O que significa isso, essas palavras esquisitas que você está cantando aí?"... E fui de uma em uma. Passamos pelo Augusto Cesar Vanucci, que gostava muito de mim nessa época, e tentou muito me enfiar na Som Livre, mas o João Araújo também já ficou meio assustado também com as letras. Eu achava tudo isso natural... Fui permanecendo aqui no Rio de Janeiro, com uns shows já, me virei rápido em shows por aqui, me enfiando. Onde me deixavam tocar, eu tocava uma canção... Teve uma vez na RCA. O diretor artístico era o Durval Ferreira, já falecido, autor de algumas coisas da Bossa Nova. Ele ainda estava até com o pé engessado, tinha quebrado, estava com o pé em cima da mesa dele. Lembro dele com a letra de "Avôhai" na mão. Quando a música acabou ele me olhou e fez "tsit" e jogou a letra assim, jogou a letra em cima da mesa e disse, "isso não dá cara, é muito complicado, se você fizer um outro tipo de música a gente pode até lhe ouvir novamente". Coisa desse tipo. É claro, eu disse "dê minha fitinha pra cá, vamos para o próximo"... O lance é você não se abater, não achar que o que o cara está falando é aquilo, é apenas a opinião dele, ele tem direito à opinião dele. Nessa música, "Avôhai", tem uma frase que diz "eu tenho a palavra certa pra doutor não reclamar". Até que conseguimos chegar à CBS. O Jairo Pires, que era o diretor da companhia, estava abrindo uma espécie de linha pra os nordestinos, porque o Fagner já tinha gravado um disco, *Raimundo Fagner*, que deu muito certo, teve uma vendagem expressiva. Assim, quando ele escutou "Avôhai", ele abriu os olhos. Eu nunca me esqueço da cara do Jairo Pires assim abrindo os braços, sentindo uma espiritualidade diferente ali. Ele bateu, uma mediunidade aconteceu ali.

Não posso achar que isso era mentira, uma música tão e mediúnica como foi "Avôhai". É a única música que eu tenho na minha vida cuja forma de explicar como ela aconteceu seria através da mediunidade, uma experiência de cogumelos, após a qual, alguns dias depois, me veio toda aquela letra de uma vez só, mal

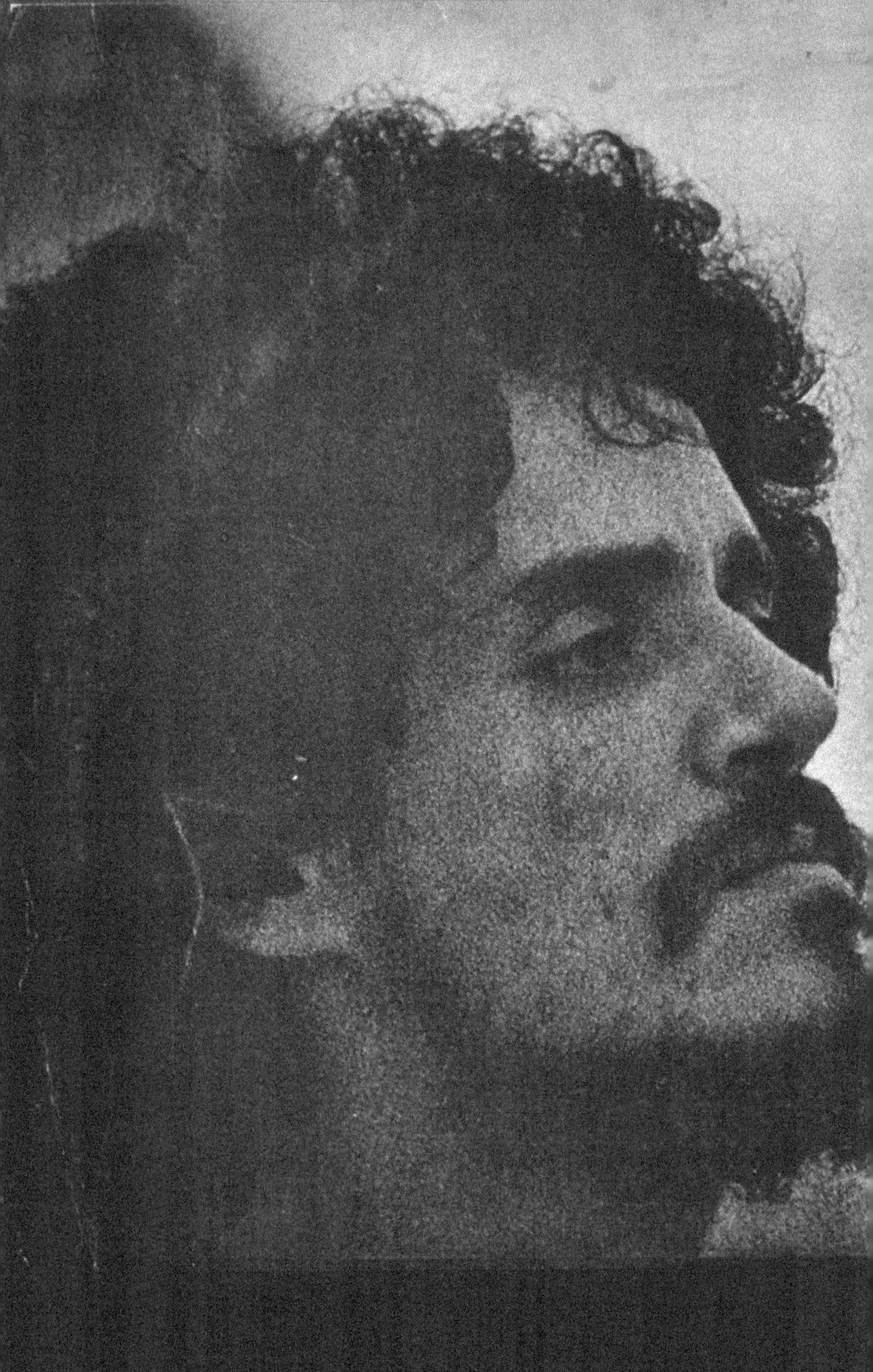

Epic
144231

deu tempo de eu pegar uma caneta e começar a escrever ela todinha. Eu estava no apartamento de minha mãe no Recife, tinha um quadro de Brejo da Cruz na parede. Pronto, quando eu comecei a olhar o quadro começou a "Tssss" e eu via uma palavra sussurrada no meu ouvido que fazia assim "Avôhai, Avôhai", um sopro no meu ouvido, o timbre da voz parecia o do Bob Dylan cantando... "Avôhai, Avôhai". A letra transcorreu assim, fiz os dois blocos, que ali tem uma mistura de martelos agalopados, tem mistura de várias modalidades violeiras ali. A melodia veio a aparecer dias depois... Só que aconteceu do mesmo jeito, quando peguei o violão, comecei com a letra na frente, e começou a descer aquela coisa, eu já sabia pra onde as harmonias iriam, automaticamente.

Um velho cruza a soleira de botas longas, de barbas longas, de ouro o brilho do seu colar. Na laje fria onde quarava sua camisa e seu alforje de caçador. Oh meu velho e invisível Avôhai!

Isso já foi, eu não tinha que parar pra ver onde haveria combinações, já foram todas aparecendo seguindo uma ordem não sei de onde e isso só aconteceu nessa música e nunca mais!

Veio tudo. Você recebeu...
E a frase que fecha a música, "eu tenho a palavra certa pra doutor não reclamar", ela me segurou muito tempo. Não posso desistir disso, uma coisa tão estranha como aconteceu, a pura verdade. Obviamente, o cara está achando estranha essa palavra, que você cria e vem de uma região que você não tem como explicar teoricamente. Foi exatamente essa música que abriu tudo aqui no Rio de Janeiro, com essa gravação. Quando esse disco saiu, a

palavra "Avôhai" era utilizada pelos radialistas aqui, lembro do Waldir Amaral, de vários da rádio Globo aqui que a adoravam, falavam "Avôhai" durante a programação, "Avôhai", "Avôhai"... Só que aconteceu de, ao lado do "Avôhai", a música "Vila do Sossego" que é a segunda do disco, ser executada maciçamente nas rádios. Praticamente, eu estava concorrendo comigo mesmo num disco de estreia, isso sem absolutamente ter aquela coisa de jabá. Ela aconteceu naturalmente pela estranheza, eu acho, das letras e da sonoridade nos discos. Tive o privilégio de ter, por intermédio do produtor Carlos Alberto Sion, o tecladista Patrick Moraz, que estava substituindo Rick Wakeman do lendário grupo inglês Yes. O Patrick estava aqui no Brasil fazendo um disco solo, chamado *History of I* e o Sion estava produzindo pra ele a parte brasileira. "O que você acha de levar o Patrick pra tocar 'Avôhai' com a gente?" Eu achei ótimo, mas não acreditei que ele fosse. Cion disse que o Patrick estava casado com uma brasileira, e por acaso ele mostrou a ela uma palhinha do 'Avôhai' e ela disse "olha, se o Patrick ouvir ele vai gostar, porque é muito espiritualista". Rapaz, não deu outra, marcaram a gravação, só que a gente não tinha teclado para oferecer o Patrick. Aí descobrimos que o Lincoln Olivetti era o único que tinha um teclado de escala dupla imenso, enorme, e que dava pra fazer a gravação com aquele teclado. Fiquei muito emocionado no estúdio, quando vi o Patrick entrar para a gravação e me pedir pra eu mostrar a harmonia para ele. E a gente ali, acabrunhado, meio acanhado, tímido, ao lado de um cara de quem eu sabia a história do grupo todinho, me perguntando se eu merecia... Ele foi de uma gentileza, de um profissionalismo e de uma generosidade impressionantes, ficou muito feliz em realizar o trabalho.

Esse teclado em "Avôhai" é do Patrick.
Sim. É a única gravação que ele deixou no Brasil. A pilotagem que ele fez com os teclados espalhou uma beleza, deu uma liberdade à música que era do que ela precisava, o que ela continha. Além de uma viola lisérgica, alucinante, do Ivson, que era guitarrista do Ave Sangria. Tive muita sorte nesse primeiro disco, as coisas que aconteceram no estúdio. Foi um disco simples gravado com um orçamento muito pequeno, mas pudemos utilizar um quarteto de cordas nos arranjos para a "Vila do Sossego", aquele coro de meninas que parecem os anjos cantando... Os radialistas se engraçaram desse disco e botavam ele pra tocar assim à toa e quando fui fazer programação de rádio, uma programação intensa, me perguntavam sobre essas histórias todas... E houve uma empatia muito grande comigo e com os radialistas aqui do Rio de Janeiro, mais até do que São Paulo, porque já estava começando a me fincar no Rio de Janeiro, e durante um período, gozei dessa simpatia, dessa empatia dos radialistas.

Tem uma música aqui chamada "Chão de giz", incrível!
"Chão de giz" faz um trio com "Avôhai" e "Vila do sossego", abrem o disco, foi uma atrás da outra... Essa música acho que tem o que os americanos chamam de *blue note*, não uma nota, um *feeling*, um sentimento que acompanha a música toda, uma sensação de melancolia, de beleza, de tristeza. É o sentimento que percorre a música.
Essa gravação, do jeito que está no disco, não tem guitarra, tem somente aquele quartetinho de cordas, um baixo extraordinário. As guitarras aparecem na "Dança das borboletas", com o Sergio Dias Batista que aparece arrebentando.
"Avôhai", "Vila do Sossego" e "Chão de giz" coroaram esse disco, são três hits que permanecem até hoje, trinta anos depois, to-

das regravadas. Vez em quando há regravações de cada uma, que atualizam a música. "Vila de Sossego", por exemplo, tem uma gravação da Cássia Eller, extraordinária, acho que foi o Nando Reis quem editou num dos discos dele. "A dança das borboletas" foi uma das que eu gravei com o Sepultura recentemente, com uma versão do Derrick Green, uma parte em inglês, que ficou muito boa. Então são músicas que não ficam ligadas com um tempo. Há muitas músicas de outros autores que ficam presas ou por uma parte da letra ou por uma data. Por exemplo, quando o Raul Seixas diz [em "Ouro de tolo"] que ganhava "quatro mil cruzeiros" ou quando Belchior diz [em "À palo seco"] que "esse desespero é moda em 73", a música fica colada naquela época. Eu tive uma espécie de, não diria cuidado, mas observei essas coisas de época quando estava fazendo música. Proponho assim: "você tem aqui uma multidão na sua frente, estão todos aqui lhe vendo, o que você vai falar para eles? Como você vai se dirigir para eles?" Então vem "Vocês que fazem parte dessa massa". Eu preciso falar para a multidão no plural, sem usar coisa no singular, ou então: "Quanto tempo temos antes de voltarem aquelas ondas?". Você está se dirigindo a todo mundo. Cada pessoa que o está ouvindo, está se identificando; você está falando para cada uma delas e, durante muito tempo, procurei não ficar colado. Por exemplo, "Admirável gado novo", que é uma canção emblemática, não é presa no tempo, ela se adapta a qualquer momento social do Brasil. Virou talvez a minha canção mais famosa e conhecida, devido ao conteúdo social. Esse disco aí, do "Avôhai", é um disco totalmente místico, houve um cuidado meu nesse ponto, em reunir canções que tinham uma linha mística espiritualista, lisérgica e com a sonoridade light, sem aquelas pauleiras que aconteceram no disco seguinte. Eu guardei para *A peleja do diabo com o dono do céu* todo o conteúdo social político que eu tinha na minha cabe-

"Vocês que fazem parte dessa massa".
Eu preciso falar para a multidão no plural. Você está se dirigindo a todo mundo. Cada pessoa que o está ouvindo, está se identificando. Por exemplo, "Admirável gado novo", que é uma canção emblemática, não é presa no tempo, ela se adapta a qualquer momento social do Brasil.

ça. Este está isento disso, é todo viajante, é para as pessoas que viajam com a cabeça sem sair do lugar, feito para essa turma que gosta de ficar ouvindo e vai levando. Esse outro é mais selvagem, ele já traz essa coisa do rigor, dessa leitura social.

Essas músicas do disco, você já tinha nessa época?

Eu já tinha todo o material pronto para o *Peleja*. Vou lhe dizer, tanto que, no lançamento do disco do "Avôhai" que fizemos no teatro Tereza Rachel, era engraçado, porque o disco tem no máximo 40 minutos, portanto eu tocava todo repertório do disco e ficavam faltando mais uma ou duas músicas para completar o tempo do show, para não ficar curto demais. Um dos meus músicos nessa ocasião, por incrível que pareça, era o Bezerra da Silva. Conhecido como "Rei do Morros da Malandragem", Bezerra é um pernambucano, contemporâneo de Jackson do Pandeiro, com quem aprendeu muita coisa, e que era músico da TV Globo nessa época. Sion o buscou para fazer essa apresentação comigo porque o Bezerra conhecia tudo de improviso, de coco de embolada. Assim combinei com Bezerra fazer um desafio. Combinamos então, no meio do show, que ele tocaria um ganzá e eu tocaria uma zabumba:

> *Para cantar comigo tem que traçar bem o baralho que é para não se atrapalhar, viu Zé, e não cair do bando. Eu fiz esse trocadilho somente para derrubar a sua fama, lá em casa a rede é cama no caminho é tu que lava, no caminho, no caminho a rede a cama, na lagoa não quer água, pode pegar.*

Aí você tinha que vir de baixo:

> *No caminho eu vou ter água, no caminho eu vou ter cama.*

Era uma espécie de coco de vai e vem, difícil de realizar, que a plateia adorou. Para fechar a história coloquei, de voz do violão, nesse show, "Admirável gado novo". Sion, o produtor, falava: "você podia botar uma daquelas suas músicas de chão, bota aquela do gado!" E quando eu toquei essa música, com a voz e o violão, no show, foi uma reação impressionante. No contexto desse disco do "Avôhai", quando eu joguei essa música, foi uma barulheira da plateia, porque, para a ocasião, essa música, naquele período ainda saindo do regime militar, dizia tudo que as pessoas queriam ouvir. Todas essas músicas foram feitas já aqui no Rio de Janeiro, já no período de ralação por que passei, eu estava com o repertório praticamente pronto para os três primeiros discos. Estava só guardando, e tive essa oportunidade de poder separar essas coisas místicas do "Avôhai" e jogar toda essa coisa político-social nesse disco da *Peleja*, todo recheado de ritmos nordestinos, de zabumba, de sanfona, uma coisa furiosa que tem nesse disco, meio selvagem esse disco, a pegada dele é um abre alas derrubando tudo que tem pela frente.

Você gravou na sequência praticamente não foi?
O *A peleja do diabo com o dono do céu* foi gravado na sequência, no mesmo estúdio. Com o sucesso do primeiro disco, [deixei de dormir na rua e] passei a dormir, praticamente um ano, naquele hotel, aqui na avenida Princesa Isabel, no Rio de Janeiro, o Plaza. Quando os nordestinos começaram a dar certo, a CBS passou a investir nos nordestinos, veio um monte de gente, todos ficavam hospedados lá. Sei que, depois de dormir na areia, em banco de praça, fiquei quase um ano no conforto de um hotel. Nunca tinham me proporcionado um conforto assim, para mim foi muito bom. Usei esse espaço do hotel para fazer muitas músicas. Foi numa madrugada dessas solitárias assim, que eu fiz "Frevo mu-

lher". A cantora Amelinha estava gravando um disco e me pediu uma música. Eu estava com uma dor de dente terrível, puta dor de dente que estava me transpassando e consegui tomar um banho gelado, às três da manhã, porque ela ia gravar, me pediu a música e já estava em estúdio. Pensei, tenho que fazer logo, e foi depois desse banho resolveu-se a vida todinha, aconteceu a música, começou aquela história de: "Quantos aqui ouvem os olhos eram de fé". Isso saiu numa rapidez impressionante, eu estava doido para me livrar do compromisso e fui levar a música para ela, dei uma palhinha. Ela disse "está ótimo, vou gravar, vou marcar uma gravação para alguns dias depois." Nunca imaginei que fosse acontecer o que aconteceu com o "Frevo mulher".

Considerando as condições em que foram gravadas, um estúdio numa área perigosa do Centro do Rio, de madrugada.

Primeiro álbum da Amelinha?

Foi o segundo álbum da Amelinha, *Frevo mulher*. O primeiro dela é *Flor da paisagem*, feito pelo Fagner. Sei que a sessão de "Frevo mulher" foi extraordinária. Tinha Novelli no contrabaixo, nós chamamos Dominguinhos e os percussionistas nordestinos, Zé Gomes, Zé Leal, que tocam comigo até hoje, Wilson Meireles e Geraldo de Azevedo fizemos essa base todinha. Aconteceu tudo de uma forma tão estranha. Quando os técnicos ainda estavam lá fazendo os ajustes, Dominguinhos, assim no canto do estúdio lá, começou a fazer o *riff* da entrada, tudo criação do Dominguinhos, gênio total. Quando a gente vê aquilo rolando eu disse, "vamos logo porque a gente tem que pegar aquilo ali". Ficou todo mundo correndo para ajustar os microfones logo, porque se não a gente ia perder aquele encanto que estava acontecendo. Se você para e vai ajustar demais, a coisa perde o encanto. Corremos, conseguimos pegar aquele *feeling*, e foi de uma rapidez impressionante. Gravamos aquilo em menos de uma hora, a gravação acabou e ficou todo mundo assim, olhando um para cara do outro. Só isso mesmo, não havia mais o que fazer, "Frevo mulher" foi feito dessa forma tão estranha como foi feita também "Avôhai", não de modo mediúnico, mas foi rápido, porque eu estava com uma dor de dente, querendo me livrar logo do compromisso e fiz essa canção assim. Queria apenas uma música para ela.

Por que essa música tocou muito no rádio?
Essa música tocou demais no rádio e foi impressionante, porque a gravadora não acreditava. Eu estava presente quando José Victor Rosa, que veio depois de Jairo Pires, ouviu a gravação e disse: "isso aqui não vai acontecer, isso é para ser colocado no

Uirapuru", que era um selo do Abdias [dos Oito Baixos], à época. "É para ser colocado no selo Uirapuru, isso é música de forró do Nordeste". Aí foi um desencanto total, o disco ficou parado. Aconteceu que, um ano após a gravação do "Frevo mulher", as academias, as primeiras academias de ginástica aqui do Rio de Janeiro, começaram a tocar essa música. Passando pela rua, ouviam-se as pessoas malhando. Nessa época era assim, o Morro da Urca, o Dancing Days, pelo menos, onde havia o Nelson Motta, que gostava muito de mim. Nelson Motta é talvez o maior relator da minha passagem pelo Rio de Janeiro, e Nelson Motta botou a tocar o "Frevo mulher" lá no Morro, no Dancing Days, que enlouqueceu. A música foi tomando conta de vários ambientes completamente estranhos a qualquer marketing, incontrolável, imbatível e inundando tudo e se tornou um sucesso, um ano depois que o disco havia sido lançado, rejeitado pela gravadora e ando com as próprias pernas. A música conseguiu andar sozinha e virou um *hit*. É a minha música mais gravada, eu tenho umas trinta, quarenta gravações de "Frevo mulher".

Quais artistas gravaram, você lembra de alguém?
Praticamente todos esses grupos de forrós gravaram "Frevo mulher", tem gravações memoráveis, uma versão em Heavy Metal de um grupo do Espírito Santo, Lordose para Leão. Metal puro. Tem um formato muito interessante do Edson Cordeiro que fez um club dance. Ele arrasou.

A gente vai entrar então no *A peleja do diabo com o dono do céu*. Você já tinha um repertório grande de composições próprias e identificou quais eram as melhores para gravar

antes. É difícil o artista ter essa lucidez, o que você atribui a isso?

Fui por essa minha leitura. Achava estranho misturar uma música de conteúdo social e político no meio de músicas tão viajantes. Quando chegou a oportunidade de gravar o *Peleja*, o material era muito grande, eu já tinha o repertório do disco seguinte, *A terceira lâmina*, quase todo pronto também. Decidi fazer uma coisa mais social e política, com a riqueza dos ritmos do Nordeste. O título remete a Glauber Rocha, *O dragão da maldade contra o santo guerreiro*, adorava essas coisas do Glauber, título de literatura de cordel.

De onde apareceu esses nomes?

É muito famosa na literatura de cordel, *A peleja do diabo com Riachão*, que foi um grande cantor. A questão era essa: eu estava me colocando no meio dessa peleja, vindo ao Rio de Janeiro. A batalha é a peleja, são as dificuldade que enfrentei no Rio, que me remeteram a escrever essa música. A questão dos valores, alguma rejeição, discriminação contra nordestinos, a questão do bem e do mal, as tentações que você tem diante disso. Para se virar num período difícil de sua vida, você pode vender drogas, pode virar ladrão, pode ser aliciado. Enfim, passei por tudo isso aqui no Rio de Janeiro, vi muita maldade de perto. Isso tudo passou a girar na minha cabeça, o conceito dessa coisa de valor e de você permanecer, não se vender para uma gravadora, "se você fizer um formato assim, a gente grava você, esse aqui não, 'Avôhai' eu não quero mais". Ouvi várias vezes esses questionamentos, eu poderia aceitar a proposta do cara, e podia ter tido um outro rumo. Mantive-me fiel a um princípio que eu tinha, e isso provocou esse raciocínio da *Peleja do diabo*: "...com tanto dinheiro girando no mundo, quem tem pede muito, quem não tem pede mais. Cobiçam a terra e toda a riqueza do reino dos homens e dos animais." Aí comecei a montar, "isso da maior pé para título de disco", reunindo essa questão do cordel com que tanto me envolvi, e, principalmente, não denunciando, mas mostrando, trazendo a tona todo esse rebuscamento que eu trazia inquieto sobre a questão do país, mal saindo de uma ditadura militar, e a questão ainda mais profunda ainda, dos nordestinos, ainda tão discriminados.

Essa descriminação dos nordestinos a gente sabe, mas que tipo de coisa desagradável você ouvia?

Por exemplo, várias vezes eu me flagrei sendo observado assim, pelo jeito como me vestia, as pessoas que olhavam assim para mim e depois viravam o rosto. Estou falando de gravadoras, as pessoas olhavam o seu jeito de se vestir, eu, um pau-de-arara recém chegado. Era muito difícil, como falei, você se manter limpo, bacana, bem vestido, isso pesava muito. Por exemplo, teve uma ocasião com Oswaldo Loureiro, grande ator de telenovela e teatro, que me conheceu por um acaso. Oswaldo Loureiro era um dos caras que faziam a programação do chamado Seis e Meia no teatro João Caetano, que era um sucesso, com shows de altíssimo nível a preços baixos, para as pessoa que estavam saindo do trabalho e ficavam no Centro para assistir o show. Oswaldo disse que iria me colocar na programação do Seis e Meia. Eu disse: "é mesmo, você acha que vai conseguir? Não tenho nenhum disco gravado". E ele: "pode deixar." Ele me levou na proposta, o diretor do teatro era o Albino Pinheiro, da Banda de Ipanema. A proposta era um Seis e Meia comigo e com Sérgio Ricardo e lembro que eles disseram "olha, vai lá na casa do Sérgio para ver o que ele acha disso". Me levaram junto assim, o Oswaldo, figuraça, maravilhoso. O Sergio Ricardo, quando me ouviu tocando

Eu tinha e tenho ainda um relacionamento com Vandré, sou uma das raras pessoas que conseguem chegar até ele. Durante muito tempo Vandré foi um mestre, a coisa social e política, foi com ele que eu aprendi, principalmente a escrever, a postura e a sua atitude diante de uma série de coisas que você tem que saber para se realizar um trabalho com um aspecto social.

essas músicas, rejeitou a ideia. "Minha coisa é muito diferente, não sei se vai dar certo". E quando viu a minha figura, olhou para mim e disse, "um cara com nome Zé Ramalho não tem como dar certo, não posso anunciar, Sergio Ricardo e Zé Ramalho, isso não vai dar certo". O resultado foi que o negocio caiu, e eu percebia que havia uma certa implicância, com a imagem, com o nome "Zé", que é popular demais. Deparei-me várias vezes com essas coisas e volto a dizer, você nunca deve achar que aquilo é a realidade, é uma questão de tempo. Essas discriminações todinhas remontam aí nesse disco as coisas que aconteceram com ele. Foi muito rápido também gravar esse disco, mas simples também. Na participação, havia menos estrelas, tem só o Jorge Mautner ainda garotão, fazendo um violino numa canção. Muitas inspirações vieram de Geraldo Vandré.

Por quê?

Eu tinha e tenho ainda um relacionamento com Vandré, sou uma das raras pessoas que conseguem chegar até ele. Durante muito tempo Vandré foi um mestre, e ainda é um dos meus mestres. São vários os mestres que tenho, mas os ensinamento para esse disco, a coisa social e política, foi com ele que eu aprendi, principalmente a escrever, a postura e a sua atitude diante de uma série de coisas que você tem que saber para se realizar um trabalho com um aspecto social. As pessoas vão sentir que você tem uma mensagem, você está com algo para falar para as pessoas. Consegui realizar esse disco rapidamente, as músicas estavam prontas, e sobraram muitas canções, que ficaram para os discos seguintes. O que deu trabalho mesmo foi fazer a capa.

Aproveitando que você falou da capa, descreve para gente.

Eu já tinha conhecido o Mojica [José Mojica Marins, "Zé do

Caixão"] por ocasião de um show onde a gente se encontrou e eu falei para ele que era um grande fã. Realmente eu era, tinha uma atração por filmes de terror quando eu era garotão. Assim eu disse, "olha, Sion, vamos fazer a capa de disco com o Zé Mojica fazendo o papel do Diabo, e eu vou ser o Dono do Céu. Até porque existe um cordel chamado *A peleja do Diabo com Zé do Caixão*, então emendou tudo, é um dos personagens de cordel do Nordeste. Porém quando eu levei a ideia para gravadora, de realizar essa capa performática, eles se recusaram a fazer, devido ao número de pessoas, era uma equipe enorme. Na capa está a Xuxa Lopes, grande atriz de cinema e de teatro.

Por que ela veio parar aqui?
A recrutamos, e na capa está fazendo o papel de uma das discípulas demoníacas do Zé do Caixão, uma espécie de "você está sendo tentado pelos artifícios do Demônio, as tentações do Demônio" e o cantador está concentrado, tranquilo, firme na sua peleja, enquanto o Demônio o está tentando.

Não está nem ameaçando, está tentando. É a tentação.
E a concentração, essa interposição de valores, essa figuração da capa, eu tive que bancar do meu bolso, tive que fazer por minha conta. A gravadora disse "ninguém nunca deu tanta importância a uma capa, a gente faz a capa aqui, pega uma foto e pronto, não precisa dessas coisas todas". Eu sempre me envolvi com minhas capas, gosto sempre de fazer uma coisa diferente, tudo que a pessoa recusa é porque vai dar trabalho fazer, e o que dá trabalho de fazer é mais difícil e é assim que vai ficar legal, vai ficar diferente. Nós realizamos isso em duas sessões, uma primeira sessão em Santa Teresa, numa casa abandonada que tinha por lá. Esse aqui é um dos papas do tropicalismo, o inventor do

Parangolé, o Helio Oiticica, um dos artistas de vanguarda mais respeitados. A equipe do Mojica todinha está aqui, o segurança dele que é esse cara aqui, que chamávamos de Madame Satã, na Feira de São Cristóvão, num domingo de manhã.

Aqui é uma outra sessão?
Essa sessão foi maravilhosa, e a gente teve que encarar sem nenhum segurança, a segurança era o próprio Zé do Caixão, que dava um grito e os populares se afastavam, tinham medo. Essa capa provocou uma grande polêmica quando saiu, a gravadora ficou horrorizada. Era uma coisa para provocar com esse visual instigante, você via que tinha uma coisa, um total rebuscamento de imagens para provocar as pessoas.

Como o Helio veio parar aqui?
Helio Oiticica veio parar nessa capa porque as fotos são do Ivan Cardoso, grande diretor de cinema, que mistura terror com comedia, o "terrir" como ele chama. Ivan foi quem levou o Helio, que era muito seu amigo. Os dois designers da capa, Oscar Ramos e Luciano Figueiredo, fizeram várias capas do disco do tropicalismo, capas revolucionárias com visual e design gráfico arrojados, que adoravam e adoram ainda essas coisas. Pena que, com o advento do CD tudo isso diminuiu muito, tirou-se muito esse espaço da capa, que era um espaço para grandes artistas.

Então me explica, um artista bolou isso...
Esse símbolo aqui — um tridente com uma cruz, entrelaçados como se estivessem na peleja — foi um artista lá de João Pessoa, chamado Pedro Osmar, que é um músico também, e faz trabalhos gráficos. O design todinho, como já falei, é da dupla Oscar e do Luciano, que espalharam esse símbolo pela capa. Como você

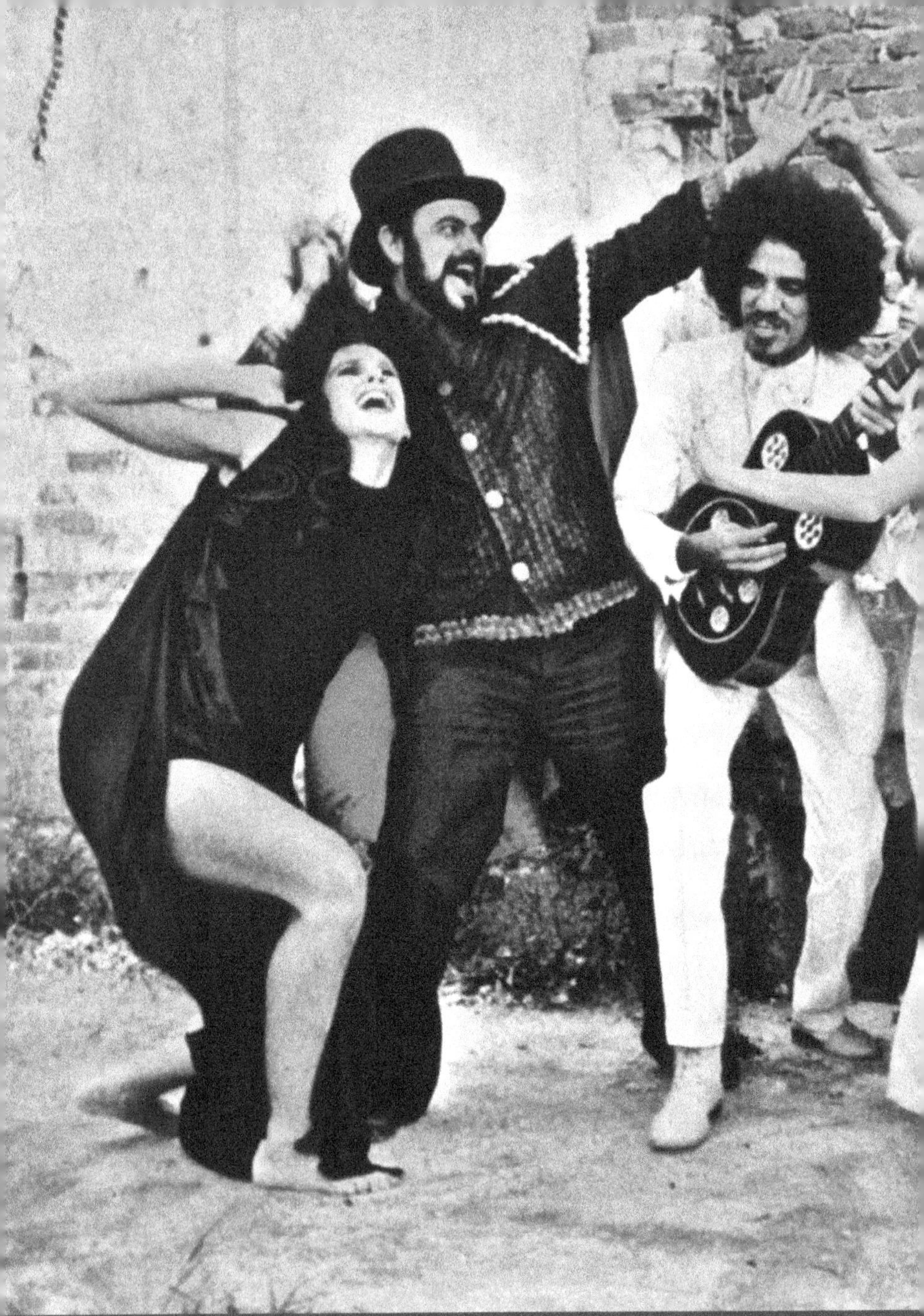

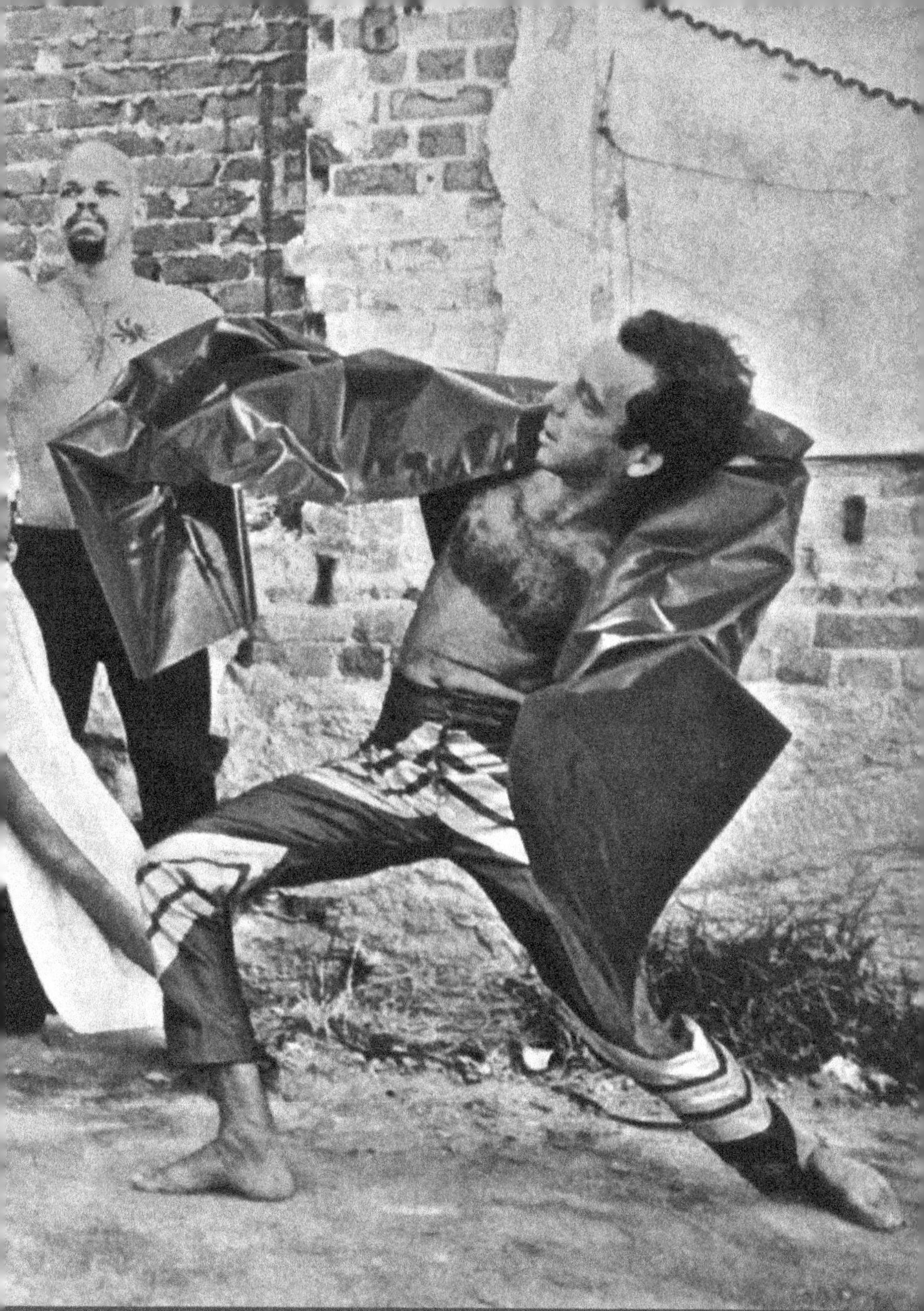

notou, parece coisa de umbanda, candomblé. É uma alusão, esses personagens vêm do imaginário nordestino, brasileiro. O Brasil é um país cheio de lendas e, quando você rebusca essa área do interior do Brasil, você encontra histórias fantásticas de coisas alucinantes, que numa época como a que gente está vivendo, com tudo cada vez mais rápido, essas coisas vão ficando cada vez mais perdidas.

E o encarte?

O encarte é de outro artista paraibano, Raul Cordula. Esse triângulo é uma representação desses símbolos, da Santíssima Trindade, o pai, filho, espírito santo. Uma coisa que acontece muito no meu trabalho, são símbolos de várias vertentes, de vários pontos, que uso visualmente e tudo isso envolveu o disco. Portanto esse questionamento do maniqueísmo grego, o bem e o mal, o certo e o errado. Tudo isso levado para o Nordeste, essa coisa de Nordeste com povão. Esse rosto aqui que foi uma descoberta que o professor Gomes, já falecido, nos trouxe. É o que tem dentro do ser humano. De um lado, o que está na nossa cabeça, o lado bem e o lado mal... Esses conceitos de valores muito me envolveram nessa época, nessa ocasião. O *Auto da Compadecida* está cheio dessas coisas também, tentações do demônio. Isso é a cara do Nordeste.

Sei que não é uma pergunta que você possa responder de forma simples, mas é um disco religioso?

O disco é muito religioso. Esses valores são tão presentes. Para ter uma ideia, minha mãe, que é extremamente religiosa, quando viu essa capa cobriu as unhas do Zé do Caixão com uma fita adesiva pra disfarçar, porque não suportava ver a capa do disco por causa das unhas, ficava perturbada, envolvida com essa imagem. E você vê que são coisas assim, são valores interessantes, curiosos, que você desperta nas pessoas. Essa capa provocou muita polêmica, mas quando escutaram o som do disco, se esqueciam da capa, porque o disco levava o ouvinte para um Nordeste alucinante, visionário, cheio de histórias e de colocações verdadeiras, outras nem tantas... Principalmente essa coisa da identificação com a classe trabalhadora, a classe que luta mais pela vida. O "vida de gado" remete a isso, ao povo brasileiro que talvez nunca chegue a alcançar a melhoria da classe social, mas sempre vai tentar. Por isso é um povo marcado e sempre será feliz, um povo que tenta superar essa vida difícil. Falo isso porque eu vim, passei por isso tudo. Essa luta, isso você querer melhorar a sua vida mediante o trabalho, passando por isso como eu passei, você tem uma noção de como é difícil passar por camadas até chegar e se libertar, ter independência financeira, uma vida boa, uma qualidade de vida que melhore cada vez mais para você, para sua família, para as pessoas que estão ao seu redor e seu objetivo na vida é, principalmente, chegar a uma velhice tranquila lá na frente, observar as coisas que fez. Passar por isso tudo foi muito difícil, então eu fui uma espécie de cobaia de mim mesmo pra fazer essas músicas. Daí tanta realidade. A música "Admirável gado novo" teve duas vidas, ela estourou nessa época aí, em 1979, 1980, teve uma execução maciça nas rádios; e teve a sua segunda vida exatamente 20 anos depois, na novela *O rei do gado*, quando o autor Benedito Ruy Barbosa indicou a música para ser tema dos sem-terra, a questão social da novela. E ela não foi sequer remasterizada, botaram do mesmo jeito. Ela estourou de novo, para uma geração que, 20 anos depois de gravada, ainda a estava descobrindo. Tanto que muitas pessoas acham que fiz a música para a novela.

Vamos falar dessa música. Como é que ela aconteceu?
A música e a letra me vieram juntas. Essa coisa de vida de gado vem diretamente do aboiadores, dos vaqueiros. "Quem não tem laranja doce faz garapa de limão" os vaqueiros quando banhavam o gado... "E o chofer sempre buzina só pra chamar atenção, mas vaqueiro quando aboia doma o boi e a paixão. E... ô... vida de gado..." Isso eu ouvia muito nas fazendas, é uma expressão usada por quase todos os vaqueiros e aboiadores, essa vida de gado. "Ô vaquinha mansa, o mansinho vai!" Eles usam isso toda hora. Captando essa coisa, essa expressão já foi usada pelo Quinteto Violado, foi usada por vários aboiadores. Só que eu captei esse termo, vida de gado, como uma metáfora da vida do povão brasileiro. Assim, quando joguei no refrão "Ê oô... vida de gado, povo marcado ê, povo feliz" entrou arrasadora com essa colocação, vinda dessa leitura avassaladora dessa letra. Que é como se eu estivesse falando da multidão, "vocês que fazem parte dessa massa, que passa nos projetos do futuro, é duro tanto ter que caminhar e dar muito mais do que receber...". É uma pancada isso, você dar muito mais do que receber. As pessoas se identificavam com isso, você trabalha pra caramba... Nossa própria categoria, a gente recebe um farelo do que o bolão da companhia recebe, a gente recebe uma fatiazinha mínima e isso aplicada às várias classes é uma coisa que dói no juízo deles cara. "E ter que demonstrar sua coragem... À margem do que possa parecer..." Nessa letra, a terminação de cada frase é o começo da seguinte... "Vocês que fazem parte dessa massa, que passa nos projetos do futuro é duro tanto tem que caminhar e dar"... Houve uma construção de fonemas e sonoridades, comecei a perceber que estava acontecendo naturalmente e fui levando isso até o fim da música. São três blocos grandes de letra. Ela tem quatro minutos e quinze, pra tocar numa rádio no Brasil nessa época era difí-

cil. Eles exigiam dois minutos e meio, portanto ela arrumou um tempo, assim, que não existia.

Você demorou muito pra escrever essa letra?

Essas letras vieram em uma semana que passei no Rio de Janeiro em que tive uma uma inspiração muito grande, por conta das dificuldades pelas quais estava passando. Muita gente diz que quando você está com fome, tem elucidações. Foi mais ou menos assim que montei essa coisa toda, as músicas do disco. Falo da vida do povo, as falas do povo, nada de velho ou de novo. Minha intenção nesse disco foi exatamente mostrar o meu lado, a minha consciência, que estava ausente no meu primeiro disco. A partir desse disco eu passei a ser um patrulhado. Existia, nessa época, no Brasil, patrulheiros e patrulhados, um resquício da época dos militares, pessoas que ainda eram perigosas ao regime. Recebi vários telefonemas nos hotéis onde me hospedava, de anônimos. Alguns me ameaçavam por causa dessa música.

O que é que diziam?

Diziam: "essa música que tu está tocando aí, com esse negócio de vida de gado, tu tem cuidado, cara", e desligavam. Se existisse bina naquele tempo, seria uma maravilha, você localizaria... Mas acontecia em quartos de hotéis, de vez em quando. Nunca cheguei a ser questionado por nenhum militar, frente a frente, mas recebi telefonemas anônimos, gente incomodada com essa música. Houve uma participação importante nessa música que é do saxofone de Nivaldo Ornellas. Nivaldo pertencia ao grupo dos mineiros. Na época, os reis da música brasileira eram os mineiros, o Nivaldo era um cara que me honrou muito, deu um pé quente, um saque cheio de brilho, de liberdade. Quando eu recebi a prova master deste disco, estava em Fortaleza, numa espécie de um congresso

Essas letras vieram em uma semana que passei no Rio de Janeiro em que tive uma uma inspiração muito grande, por conta das dificuldades pelas quais estava passando. Muita gente diz que quando você está com fome, tem elucidações. Foi mais ou menos assim que montei essa coisa toda, as músicas do disco. Falo da vida do povo, as falas do povo, nada de velho ou de novo.

musical, onde várias gravadoras levavam artistas para lançar seus discos. E mostraram uma prévia do meu disco. No mesmo hotel estava hospedado o Egberto Gismonti, com quem também me relacionava na ocasião, e quem chamava de Mister Egg. Eu e Mister Egg nos encontramos no hotel e fomos pro quarto dele para escutar esse disco. Quando escutou o sax do Ornellas, disse imediatamente: "vai ser essa música que vai estourar". Antes dos discos ir para as lojas, ele teve uma antena. Não deu outra. Ele tocava muito com o Nivaldo e "Nivaldo, que sax incrível é esse!". Egberto tem uma visão que pouca gente conhece, do que pode e do que é que não pode. Um ser humano extraordinário, um dos melhores. Um dos momentos mais altos da minha carreira foi ter Egberto Gismonti tocando em um disco meu, em "Orquídea negra" e Hermeto Paschoal. Esses dois caras virem para o estúdio comigo, é uma das coisas que mais me honraram na vida todinha. Ter essa oportunidade e o privilégio de me ver contemplado por duas pessoas tão importantes na minha vida e na de tantos músicos. Esse disco teve essa profecia do Egberto. Não deu outra.

Como foi com o arranjo?
[Mantive a formação regional, com um arranjo de cordas de Paulinho Machado de Carvalho.] Ele pegava tudo. às vezes eu dava uma ideia, por exemplo, em "Garoto de aluguel". No arranjo, disse "Paulinho, você se lembra daquele arranjo da 'Eleanor Rigby', dos Beatles, que o George Martin fez?" Dei a dica e ele fez exatamente... As vezes eu dava umas dicas, por conta do formato da música que eu tinha na cabeça, e ele pedia "não me diz, que eu preciso saber". Em outras eu deixava ele completamente livre, como em "Admirável gado novo". Na grande maioria ele sentiu, encaixou um *feeling* com o meu trabalho, com as cordas, maravilhoso. Foi nesse disco que ele decolou.

Tem a zabumba aqui, que parece que ocupa a função da bateria. Você poderia ter chamado um baterista, mas não chamou. Manteve a zabumba e, curiosamente, hoje é absolutamente moderno isso, parece uma programação eletrônica...

No primeiro disco já não havia bateria, era somente percussão. Chico Batera e Bezerra da Silva. Nesse segundo já peguei, na verdade garfei, uma cozinha do Dominguinhos, um trio infernal. Zé Gomes, Zé Leal e Borel, zabumba, triângulo e pandeiro. Eu tomei da banda dele. Ele ri muito quando a gente se lembra disso. "Você tomou meus músicos, eu fiquei órfão!" Esses camaradas entraram no disco para gravar, e foram tão bons que eu não deixei mais eles saírem. "Vocês agora vão pra minha banda!". Logo depois, fomos direto para o palco realizar a turnê do *Peleja*, uma turnê gigantesca.

Funcionou bem a parte rítmica.

No "Admirável gado novo" não existe bateria. Tanto que Robertinho de Recife, quando ouviu o disco, perguntou "qual é o nome daquele baterista?" "Não é baterista, é um zabumba." "Mas como? Ninguém nunca gravou zabumba daquele jeito!" Os técnicos também fizeram um inferno... Era o Eugênio e o Empadinha, os operadores que captaram esse som da zabumba, que é o que segura a batida da música, todinha.

É a cozinha do disco.

A junção de um violão mais folk, com uma cozinha nordestina, e um arranjo de cordas deu uma maturidade e mostra que dá para reunir tudo, dependendo da química, do "peso da mão" como a gente chama e da intenção, da ousadia.

E "Garoto de aluguel"?
"Garoto de aluguel" foi uma das histórias aqui do Rio de Janeiro, durante um período difícil. Houve algumas meninas com que passava a noite, e elas compensavam com dinheiro no dia seguinte. Foi uma coisa que aconteceu comigo.

> *Dê-me seu dinheiro que eu quero viver. Dê-me seu relógio que eu quero saber. Quanto tempo falta para lhe esquecer. Quanto vale um homem pra amar você? Minha profissão é suja e vulgar. Quero pagamento para me deitar... E junto com você estrangular meu riso. Dê-me seu amor que dele não preciso...*

Essa música ganhou uma versão atualíssima do Leonardo. Ele fez uma versão calcada na regravação que eu fiz para a antologia dos 20 anos. É uma das minhas músicas mais regravadas. Imagina o que tem de gente gravando. Eu tenho uma pilha de discos, de vez em quando me mandam.

Mas é extremamente atual. As suas músicas tem isso, como você acabou de dizer.
Ontem mesmo recebi um pedido. Ela vai entrar na trilha de um filme que estão falando sobre estes garotos de vida, turismo sexual. Ela vai servir perfeitamente.

Destaquei algumas outras faixas aqui. "Beira Mar"
Beira mar é uma modalidade de cantoria, o galope a beira mar. O cantador fala das belezas do mar, com rimas obrigatórias, versos longos.

Eu entendo a noite como um oceano que banha de sombras o mundo de sol. Aurora que luta por um arrebol, em cores vibrantes e ar soberano. Um olho que mira nunca o engano, durante o instante que vou contemplar. Além, muito além onde quero chegar, caindo a noite me lançou no mundo além do limite do vale profundo que sempre começa na beira do mar. E até que a morte eu sinta chegando, prossigo cantando, beijando o espaço. Além do cabelo que desembaraço, invoco as águas a vir inundando. Pessoas e coisas que vão se arrastando, do meu pensamento já podem lavar. Ah! no peixe de asas eu quero voar, sair do oceano de tez poluída, cantar um galope fechando a ferida que só cicatriza na beira do mar.

Fiz mais três "beira mares" espalhados pelos discos. Os "beira mares" são versos metrificados. Em "Força verde" tem uma versão bem mais lenta. É como se fosse você usar a mesma a mesma métrica com melodias diferentes, é só você transportar de uma pra outra. Isso a partir do momento em que você percebe a cadência das tônicas. É uma coisa impressionante, facilita tudo e você tem uma dimensão de abrir, uma coisa elástica, puxar pra lá, pra cá, pra lá e todas vão dar certinho por causa da contagem dos versos, que decide tudo na música. As melodias são diferentes, mas se encaixam, se você transportar de um galope para outro, de um beira mar para outro. Estão espalhadas nos meus discos e sempre, quando abordo esse assunto do beira mar, procuro mostrar esse poder que a escrita dos violeiros, dos cantadores, tem. Isso foi o que resolveu, minha forma de escrever devo a essa origem.

"Mote das amplidões".

"Mote" é um motivo, é o que você diz, "olha, cante com um verso falando disso aqui, 'nada digo tudo faço, viajo nas amplidões'".

Significa que você vai construir um verso obrigatório com aquelas rimas, e que tem de armar de um jeito que termine rimando com "aço" e "ões", "nada digo, tudo faço, viajo nas amplidões".

Montado no meu cavalo, Pégaso me leve além. Daquilo que me convém, relançar pelo que falo. Bebendo pelo gargalo enchentes e ribeirões. Na terra tem mil vulcões, no tempo só tem espaço. Nada digo e tudo faço, viajo nas amplidões.

"Frevo Mulher"

"Frevo mulher" está revestida de um arranjo que o Marcelo fez, só de metais. Como se fosse um frevo pernambucano, aqueles metais em brasa, com o *riff* mantido.

Quantos elementos amam aquela mulher. Quantos homens eram inverno, outros verão, outonos caindo secos no solo da minha mão. Gemerão entre cabeças na ponta do esporão, a folha do não-me-toque e o medo da solidão... Veneno meu companheiro, desacata o cantador e desemboca no primeiro açude do meu amor. É quando o tempo sacode a cabeleira, a trança toda vermelha, um olho cego vagueia procurando por um... É quando o tempo sacode a cabeleira, a trança toda vermelha, um olho cego vagueia procurando por um...

Qual você acha que é sua principal referência em poesia?
Minha principal referência veio do universo dos cantadores. Principalmente do vocabulário. Mas houve um período na minha vida, entre 21 e 25 anos, quando eu li obcecadamente livros de misticismo, esoterismo, discos voadores... quando bati com a antologia poética de Carlos Drummond de Andrade e Vinicius de Moraes. Ambos fazem parte desse enriquecimento do vocabulário. Drummond era completamente visionário, lisérgico, parecia que tomava ácido. Escrevia coisas alucinantes. E o Vinicius, com aquele romantismo com relação às mulheres, a elegia que fazia às mulheres... São pessoas que eu li muito. Até porque a mulher é um elemento que aparece nas minhas músicas o tempo todo. Tem sempre um enorme público feminino nos meus show, que sabe que estou falando para elas. Essa é uma das músicas emblemáticas, é um frevo mulher, fala diretamente pra ela. A questão do vocabulário, das palavras, como você rebusca e como você lida com isso, eu devo muito a esse período, a esses livros que eu li, lado a lado com o Cordel, o regionalismo do Nordeste. Você lê autores consagrados, poetas como esses, e lê autores como Castañeda, o Erich von Däniken, de *Eram os deuses astronautas?*. Eram livros da época, e muito me despertavam a curiosidade por discos voadores. Tenho isso até hoje, não faço propaganda disso, mas é uma coisa que me atrai, que faz parte da minha visão de vida, morte, universo. Esses questionamentos todos me interessam muito, leio muito sobre isso. Essas leituras me trazem palavras esquisitas, que coloco às vezes numa música e muita gente estranha. São coisas que acontecem naturalmente. Muitas vezes já me pediram para tirar palavras, diretores de gravadoras. "Essa palavra aqui é muita esquisita, não da pra você mudar ela não?" Ficam querendo meter a mão em tudo, e você tem que lidar com isso.

"Agônico"
Nesse disco tem um tema instrumental chamado "Agônico". A partir dos primeiros discos, eu planejava fazer um disco só com violas, um disco instrumental. De disco para disco pegava uma faixa e fazia uma faixa instrumental, mostrando alguma escala de violas. A intenção era um dia quem sabe criar um disco só instrumental, mostrando esse meu lado com a viola. Essa ideia com o tempo foi desaparecendo, mas mantive uma coisa de viola, de escalas de viola... Isso tudo gravei nesse disco. Nessa faixa, "Agônico", utilizei vários instrumentos, e, com a disponibilidade de canais, toquei de todas as formas, as percussões, a zabumba e a interposição de viola. Consegui levar isso até o quinto dia, esses temas de viola. Perguntavam muito sobre essa faixa, na rádio. "Como é, você toca isso tudo mesmo?" Eles achavam que talvez estivesse inventando que havia tocado todos os instrumentos, e me pediam pra fazer isso às vezes, ao vivo.

São mais de trinta anos desde que o disco foi lançado. Como é que você vê esse trabalho hoje?
Pensei muito quando eu vim gravar esse programa. Há dois dias escutei esse disco, na versão vinil. Li esse encarte todo, foi muito bom dar uma refrescada, entrar em um túnel do tempo desse, relembrar das pessoas que ajudaram a realizá-lo. Foram muitas pessoas que me ajudaram a realizar esse disco. Tempo de agitação na minha cabeça, eu ainda firmando minha carreira, era o meu segundo disco e foi um gás, uma dedicação muito grande pra realizá-lo. Já tinha a confiança da gravadora devido ao resultado do meu primeiro disco e tive um orçamento de produção bem maior pra realizar. Com esse disco consegui realmente ter uma chance de me tornar respeitado como compositor, como autor. A turnê que fizemos pelo Brasil foi gigantesca, uma turnê

de mais de um ano, tocando sem parar em todas as cidades. Foi quando conheci o Brasil pela primeira vez, senti como o Brasil era grande. Fiquei muito impressionado ao perceber que, em locais, cidades em que eu nunca tinha estado, havia pessoas para me ouvir, havia ginásios lotados, casas noturnas cheias, todos querendo ouvir o meu trabalho. Aquilo muito me impressionou, eu não tinha ideia até onde minha música podia chegar. Esse disco me deu a impressão de que eu estava realmente sendo percebido pelas pessoas, ouvido, e, ao mesmo tempo, já estavam as pessoas querendo me colocar como ídolo, e eu não sabia o que era isso também, como ainda não sei... É difícil lidar com isso, porque minha intenção na verdade era fazer a minha carreira de compositor, não diria nem de cantor, mas tinha muito essa pretensão de fazer um trabalho de composições minhas. Todas as faixas do disco são letras e músicas minhas, e consegui com esse disco assim firmar muito essa trilha, que hoje em dia, com tantos anos passados, tem muitas músicas sendo regravadas... o que dá impressão de que essas composições têm uma vida longa, passam de uma geração pra outra. Coisas que não se consegue imaginar na época que foram feitas, porque o tempo é o que confere isso. Os ecos que essa música, a ressonância que ela tem para as gerações que vão crescendo e vão chegando. Desde do momento em que me propus a esse trabalho, passados trinta anos, procuro ampliar a minha cabeça, para não ficar parado... Procurei, e procuro, ser também intérprete, porque adoro cantar música de outros autores, tenho trabalhado isso em vários discos meus... Minha intenção é sempre ampliar meu conhecimento musical, ter mais de uma forma de seguir, principalmente trocar figurinhas com outros gênios musicais, gêneros até rejeitados pela "nata" musical, as pessoas mais rigorosas. Assim procuro bater bola, trocar figurinhas, cada vez mais, com estilos e gêneros musicais diferentes. Em meu disco *Parceria dos viajantes* [2007], troco bolas ali com tudo mesmo. Estão cantando comigo ali a Pitty, a banda Calypso, Sandra de Sá, Zélia Duncan, cantoras de várias áreas que procurei reunir num disco só. Ao mesmo tempo há a parceria dos viajantes em cada faixa, doze no total, com parceiros diferentes. Chico Cesar, Osvaldo Montenegro, Zeca Baleiro, Jorge Mautner... Parceiros que pela vida foram aparecendo, e eu procuro cada vez mais me interagir com eles, não fazer como eu fazia, só, letras e músicas na solidão, aquela criação solitária, você responsável por tudo que você faz. Retiro prazer muito mais dessa coisa de poder participar com companheiros que eu admiro, colegas que admiro e tenho prazer realmente imenso em tê-los como parceiros, em poder trocar ideias com eles e ver estilos tão diferentes. porque quanto a essa palavra, "estilo", meu estilo é não ter estilo — o que já é um estilo.O

A PELEJA

(P) 1979 Disc
CBS I. C, L.

1- PEL
2- MO
3- JA

5-

SCDP - PF - 004/GB

...USÃO · FAB. POR: SOM IND. E COM. S.A · RUA EUGÊNIA S VITALE 1/3 · SÃO BERNARDO DO CAMPO · SP · C.G.C. 61.160.842/001

Epic

...DIABO COM O DONO DO CÉU
...ZÉ RAMALHO

235030
Stereo/Mono
⟷

...HO E PELO PÃO (60854081)
...AS AMPLIDÕES (60854120)
... DAS ACÁCIAS (60854111)
...GÔNICO (60854138)
...O MULHER (60854146)

XSB - 2181 - B

...TERWORKS · EPIC · MARCAS REGISTRADAS · IND. BRAS · C.G.C. 33.131.376/002

© Charles Gavin, Canal Brasil; © Desta edição, Ímã Editorial

Direção geral Charles Gavin
Coordenação Luis Marcelo Mendes
Edição Julio Silveira
Projeto gráfico Tecnopop
Revisão Priscilla Morandi e Jackson Jacques

Agradecimentos especiais a
Paulo Mendonça • André Saddy • Carlinhos Wanderley
Catia Mattos • Canal Brasil • Darcy Burger • André Braga
Bravo Produções • Gabriela Gastal • Gabriela Figueiredo
Samba Filmes • Zunga • Yanê Montenegro
Oi • Secretaria de Cultura Governo do Rio de Janeiro

R677

Ramalho, Zé 1949—
A peleja do diabo com o dono do céu (1979) : Zé Ramalho : entrevistas a Charles Gavin. — Rio de Janeiro : Ímã | Livros de Criação, 2015.
84 p. : il. ; 21 cm. — (O som do vinil).

ISBN   978-85-64528-34-5

1. Música popular — Brasil — História. 2. Músicos — Entrevista. I. Gavin, Charles, 1960-. II Série. III. Título

CDD 782.421640981
CDU 784.4(81)

O projeto empregou as tipologias FreightText e FreightSans.

Ímã Editorial | Livros de Criação
www.imaeditorial.com